教育部人文社会科学研究基金项目资助
课题名：我国特色体育休闲旅游小镇空间布局与优化路径研究
课题号：17YJC890016

运动休闲新空间：
我国体育特色小镇发展研究

李兆进 著

人民体育出版社

图书在版编目（CIP）数据

运动休闲新空间：我国体育特色小镇发展研究/李兆进著. -- 北京：人民体育出版社，2021（2024.1重印）
ISBN 978-7-5009-6002-7

Ⅰ.①运… Ⅱ.①李… Ⅲ.①小城镇—休闲体育—空间规划—研究—中国 Ⅳ.①G812②TU984.2

中国版本图书馆CIP数据核字（2021）第034469号

*

人 民 体 育 出 版 社 出 版 发 行
天津画中画印刷有限公司印刷
新 华 书 店 经 销

*

710×1000 16开本 11.5印张 210千字
2021年11月第1版 2024年1月第2次印刷

*

ISBN 978-7-5009-6002-7
定价：52.00元

社址：北京市东城区体育馆路8号（天坛公园东门）
电话：67151482（发行部） 邮编：100061
传真：67151483 邮购：67118491
网址：www.psphpress.com

（购买本社图书，如遇有缺损页可与邮购部联系）

前　言

我国镇域基层拥有丰厚的地理、历史、民俗等体育旅游资源。中国的行政镇在区位和功能上，一般上联城市，下接农村，具有"亦工亦农、亦城亦乡"的鲜明性质，既是城乡体育产业一体化发展的连结点，也是社会主义新农村建设的示范节点；既是中国体育休闲原生态资源发展布局的聚集地，更是休闲体育产业从城市延伸至乡村的缓冲节点。其天生就应是跨界创新的产物，也是旅游产业升级进化的最新形式。近几年，在供给侧改革政策指引下，体育特色小镇作为一种新的产业形态和投资领域，受到政府和社会力量的极大关注，是体育产业跨界融合的创新载体，蕴藏着无限市场潜力和发展空间，同时也是当前体育产业优化升级的重要载体。

本书是在我山东省社科规划项目（16CTYJ06）和教育部人文社会科学研究项目《我国特色体育休闲旅游小镇空间布局与优化路径研究》（17YJC890016）研究报告的基础上整理而成。

本书共分九章：第一章，绪论；第二章，中国体育特色小镇概述；第三章，中国体育特色小镇发展理论基础；第四章，中国体育特色小镇功能定位与建设原则；第五章，中国体育特色小镇的开发理念；第六章，中国体育特色小镇发展驱动机制；第七章，中国体育特色小镇游客满意度研究；第八章，中国体育特色小镇空间分类与布局；第九章，我国体育特色小镇发展案例研究。其中，第六章至第九章是本书研究的重点和难点。

书中附录部分是域外体育特色小镇成功案例、课题组前期收集整理的相关政策和小镇单体详单，内容庞杂繁多，既是本书研究的基础资料，也将是我后期继续深入研究的重要数据来源，也一并呈现给读者。

拙作匆匆付梓之际，首先要感谢我的博士生导师姜付高教授，是导师带我步入体育旅游的研究之门，并引导我大处着眼，小处着手，进而聚焦体育特色小镇的相关研究，且一路帮扶激励前行，使我学会并享受体旅研途；还要感谢体育教学部主任杨骎教授，老师守正笃实的治学格局，一直教育和影响着我坚持走教研融合之路，并受惠至今；感谢我的夫人曹爱萍副教授和我的家人一直以来对我学习的鼎力支持，正是因为他们的无私奉献，才让我在科研上有时间和精力的点滴投入和学海拾贝；感谢曲阜师范大学地理与旅游学院王铁副教授拨云见日的指导和帮助；还要特别感谢山东科技大学李娜博士，她的积极参与为课题的及时完成和本书的成功出版提供了可能；还要感谢绵阳师范学院付成君博士参与的部分课题研究；还要感谢邰鹏飞、方泰在制图方面提供的无私劳动和李鑫泽、侯超文、张修河、陈高鑫、刘莉、刘若楠、秦栋、谭双慧、臧文静、马琳、武英豪等研究生在资料收集和数据分析等方面给予的大力帮助；还有许多领导、老师及同事提供了指导与帮助，在此一并感谢！

  呈现给大家的这本拙作是本人出版的第一本学术成果，由于水平有限，难免存在不当之处，敬请各位专家批评指正！

李兆进
2020 年 7 月 22 日于山东日照

目　录

第一章　绪论 ... 001
第一节　研究现状及意义 ... 001
一、国内外研究现状 ... 002
二、我国体育特色小镇研究可视化分析 ... 003
三、理论和实际应用价值 ... 010
第二节　研究目标与内容 ... 010
一、研究目标 ... 010
二、研究内容 ... 011
三、重点和难点 ... 012
第三节　研究思路与方法 ... 013
一、基本思路 ... 013
二、研究方法 ... 014

第二章　中国体育特色小镇概述 ... 015
第一节　体育特色小镇的发展背景 ... 015
第二节　体育特色小镇的概念与特点 ... 016
一、体育特色小镇的概念 ... 017
二、体育特色小镇的特点 ... 033

第三章　中国体育特色小镇发展理论基础 ... 035
第一节　推拉理论 ... 035
第二节　周期理论 ... 037
第三节　共生理论 ... 038

第四节　创新理论 ·· 039
　　第五节　驱动理论 ·· 040
　　第六节　满意度理论 ·· 041
　　　一、顾客满意度理论 ·· 041
　　　二、期望差异理论 ·· 042
　　　三、顾客让渡价值理论 ·· 043

第四章　中国体育特色小镇功能定位与建设原则 ···················· 044
　　第一节　体育特色小镇功能定位 ·································· 044
　　　一、多层次横向定位 ·· 045
　　　二、多需求纵向定位 ·· 046
　　第二节　体育特色小镇建设原则 ·································· 049
　　　一、因地制宜、突出特色原则 ·································· 049
　　　二、功能叠加、差异发展原则 ·································· 049
　　　三、产业立镇、持续发展原则 ·································· 050
　　　四、品牌打造、内涵积淀原则 ·································· 050
　　　五、市场主导、动态发展原则 ·································· 050

第五章　中国体育特色小镇的开发理念 ···························· 052
　　第一节　生态理念：低碳环保绿色开发 ···························· 052
　　　一、地形设计 ·· 053
　　　二、植被设计 ·· 053
　　　三、水体设计 ·· 054
　　第二节　人文理念：史脉清晰内涵丰富 ···························· 054
　　第三节　特色理念：异质创新和而不同 ···························· 056
　　第四节　融合理念：全域共生聚集高效 ···························· 058
　　　一、融合优势资源配置 ·· 058
　　　二、融合多种信息技术 ·· 059
　　第五节　民生理念：对口输出精准扶贫 ···························· 059

第六章　中国体育特色小镇发展驱动机制 …… 061
第一节　体育特色小镇发展驱动模式 …… 061
一、驱动机制概念 …… 062
二、动力参考模型 …… 062
三、驱动模式构建 …… 063
第二节　体育特色小镇发展驱动因子构成 …… 064
一、驱动因子构成 …… 064
二、驱动因子作用模式 …… 065
第三节　体育特色小镇发展的驱动子系统 …… 067
一、供给子系统 …… 067
二、需求子系统 …… 069
三、支持子系统 …… 071
四、中介子系统 …… 073
五、各子系统互动分析 …… 074

第七章　中国体育特色小镇游客满意度研究 …… 078
第一节　满意度理论与模型研究 …… 078
一、概念界定 …… 079
二、现有模型 …… 079
第二节　体育特色小镇游客满意度影响因素 …… 082
一、游客期待 …… 082
二、质量感知 …… 083
三、价值感知 …… 084
四、后效应 …… 085
第三节　体育特色小镇游客满意度模型构建 …… 086
一、构建原则 …… 087
二、构建步骤 …… 087
三、模型验证分析 …… 090

第八章　中国体育特色小镇空间分类与布局 … 095
第一节　体育特色小镇运动项目立体空间分类 … 095
第二节　我国体育特色小镇空间布局 … 097
一、分布概况 … 097
二、数据来源 … 099
三、研究方法 … 100
四、我国特色小镇空间分布 … 101

第九章　我国体育特色小镇发展案例研究——以山东省为例 … 113
第一节　山东省特色小镇政策环境研究 … 113
一、山东省特色小镇省级政策 … 114
二、山东省部分地市级政策 … 115
第二节　山东省特色小镇空间布局研究 … 117
一、山东省特色小镇空间分布数据来源 … 117
二、山东省特色小镇空间分布研究方法 … 118
三、山东省特色小镇空间分布现状分析 … 119
四、山东省特色小镇空间分布研究结果与建议 … 126
第三节　山东省体育特色小镇发展环境分析 … 127
一、山东省体育特色小镇 PEST 分析 … 128
二、山东省体育特色小镇发展策略 … 131
第四节　山东省体育特色小镇竞争态势实例研究 … 132
一、龙口南山运动休闲特色小镇 SWOT 分析 … 132
二、即墨田横温泉体育特色小镇 SWOT 分析 … 134

附　录 … 138

参考文献 … 168

后　记 … 174

第一章 绪 论

针对城乡发展问题,我国从党的十六大就提出"城乡统筹"的要求,党的十七大和十八大分别也提及了"城乡一体化"的战略方针,到党的十九大报告明确"城乡融合"发展新理念后,国内学者以问题为导向,加大了对以体育为特色的小镇之研究力度。

我国的体育小镇上联城市,下接农村,具有体育产业的普适性和融合性,既是城乡体育产业融合发展的重要聚集点,也是体育产业从城市延伸至乡村的重要链接点,更是解决城乡发展不平衡、满足人民美好生活需求的重要发力点。以我国乡村振兴战略背景下体育特色小镇空间布局为研究对象,按照互助互融的思路,科学构建发展融通模式,致力构建以"体"树牌、以"赛"创品、以"康"促业、以"闲"助产、以"新"提质、以"特"立镇,兼具结构合理、可操作性强、融合城乡产业一体的特色体育小镇发展模式。而且,有效提升和优化体育特色小镇空间布局,契合了我国"城乡融合、区域统筹"共享社会美好生活的发展战略,及时回答了体育产业供给侧结构性改革和新旧动能转化中产生的困惑,符合"小空间,大战略"的现实需求和社会时效性。可促进体育产业新旧动能转换,消化城市存量,刺激乡村内需,实现小镇逆流而上和"顺势"而为,能及时"催化"城乡体育要素双向对流,应时打造现代化体育特色小镇版"富春山居图",更是实现"乡村振兴战略"行稳致远的关键一步。

第一节 研究现状及意义

我国镇域基层拥有丰厚的地理、历史、民俗等体育旅游资源。近年来国内以足球、马拉松、高尔夫、龙舟竞渡等主题和以滑雪、山地、湖海等户外核心资源为依托的特色体育小镇开始遍地开花,如安徽省推出大圩镇为体育特色小镇,浙江省重点培育体育产业特色小镇，北京拟建国际足球小镇，黑龙江亚布力镇极力打造"世界滑雪场""中国达沃斯"等小镇。

运动休闲旅游小镇是以体育休闲活动为表现形式、以旅游市场为基础、以小镇体育产业为实际承载体的旅游新形态。我国的体育特色小镇上联城市，下接农村，具有"亦工亦农、亦城亦乡"的性质，也是中国体育休闲原生态资源发展布局的聚集地，更是休闲体育产业从城市延伸至乡村的缓冲节点。

一、国内外研究现状

（一）国内研究现状

1. 研究起步较晚

在中国期刊网、万方数据库等文献数据库以"小镇"+"休闲"为关键词查找相关篇名文章，截至2017年1月，共搜索到16篇；以"小镇"+"旅游"为关键词查找相关篇名文章，共搜索到120篇，其中最早的一篇发表于2005年。即从20世纪80年代开始，随着我国经济发展和乡镇体育需求增加，国内学者如秦学（2001）、罗明义（2004）、刘新良（2007）、钟秉枢（2014）等，才逐渐把研究注意力转移到小镇旅游。

2. 研究理论多样化

马晓堂（2006）根据体育小镇不同发展阶段，提出了"微微循环"理论；黄慧明（2007）等针对边缘小镇工业与体育旅游发展的特殊关系提出了"二元转换"思路和"向心系统"理论；另外，赵庆海（2002）、李柏文（2004）、肖洪磊（2007）等根据不同的分类标准和理论划分的小镇类型，对体育休闲旅游小镇的开发具有借鉴意义。

3. 可持续发展研究得到重视

赵云（2004）、马晓堂（2006）等对传统城镇旅游可持续发展的途径进行了研究；谢朝武（2004）、王凤武（2004）等从不同角度和开发对策层面对小镇旅游的可持续发展进行了探讨；林华山（2012）等则从可持续发展角度设计出了小镇水上运动中心区、高尔夫运动区、康体休闲区等体育旅游区域。

综上所述，我国体育休闲旅游小镇研究起步较晚，研究内容较为宽泛，虽理论分类标准较多，但基础领域研究相对薄弱。随着区域经济和城镇化建设的发展，前期多因其是一种历史形制上的自然存在而投入关注，作为传统民俗体育遗存得到研究作为体育发展现状展开研究；近期由于国内旅游产业的强势推动，学者才开始注重某个体育小镇的单一规划和孤立产业发展研究，然而以体育休闲旅游特色小镇的产业融合发展和区域空间布局研究尚未见系统报道和宣传。

（二）国外研究现状

1. 注重理论模型的构建

格雷厄姆（Graham，1995）、克莱尔（Clare，2006）等运用多种研究方法根据各自不同地域特色和自然文化资源建立了不同的特色体育休闲旅游小镇模型。该类体育休闲旅游小镇模型的构建特色突出、主题明确、空间布局优化、休闲核心要素完备。

2. 注重理论与实践相结合

罗伯特（Robert，1994）、克里斯蒂（Kristy，1999）、西顿（Seaton，1996、1999）等对多个特色小镇进行了长期跟踪研究，尤其注重人本权利理论与实证的结合研究，如从小镇居民利益角度探讨了社区体育参与和发展的互动关系，采取灵活多样的经营方式满足不同消费群体个性化的休闲旅游需求。

3. 理论指导下的特色体育休闲旅游小镇成熟发展

滨海体育休闲度假小镇——突尼斯、斯洛伐克具有康体养生功能的皮埃斯塔尼小镇、惊险刺激的体育游戏天堂——新西兰皇后镇、最具声望的世界性四大网球公开赛举办地之一——温布尔登和古竞技场闻名的意大利维罗纳及马拉松项目的起源地——希腊的马拉松镇等。

综上所述，国外对体育休闲旅游型小镇的研究多以具体的案例为研究对象，进而推理凝练出系统理论；或者先建立理论模型，再以具体案例验证，从而实现理论与实践的结合。由于国外研究已发展较长时间，因此在案例探讨的基础上，形成了较多纵横比较的连续性理论研究，除较重视规划理论和方法的探讨外，在实际开发中也发展成熟了许多体育休闲旅游小镇的成功案例。

二、我国体育特色小镇研究可视化分析

从现有小镇情况看，体育特色小镇是集运动休闲、养老与疗养、主题度假及

文化旅游等元素为一体的产业化小镇。当前，国内体育特色小镇的调查与发展研究多以文献综述或单一视角的特色研究为主，鲜见于知识结构信息全景的直观展示。本研究借助计量分析科学文献数据的信息可视化软件 Citespacce，利用分时动态的可视化图谱展示国内体育特色小镇研究的现状和发展脉络。

选取中国知网数据库作为文献来源，检索条件分别为"主题＝体育特色小镇并含运动休闲特色小镇、主题＝体育小镇、主题＝体育旅游小镇、主题＝体育休闲小镇""来源类别＝核心期刊、CSSCI 及各发表文献""时间＝不限到 2019 年 10 月 6 日"，剔除重复期刊、报道及增刊后，最终获得 1713 篇期刊作为研究对象。

借助中国知网对所选的下载样本从年度发文量、作者及其机构发文量进行统计分析。运用可视化软件 Citespace（版本为 5.5.R2）绘制机构合作图谱、作者合作图谱、高频关键词共现图谱与研究热点时区进行探测，并对生成的知识图谱进行解读。具体操作为在 CNKI 数据库中将文献以 Refworks 格式导出，将文件命名为 download-＊＊，再使用内嵌 CNKI（Refworks）格式转换器进行数据转换。通过阈值的反复调试，最终的各项数据为："Time slice＝1""Node Type 先后选择机构（institution）、作者（Author）、关键词（Keyword）""阈值选择 Thresholding（c，cc，ccv）（其中，c 指节点出现频次，cc 指共同出现频次，ccv 指共现率），各阈值插值（Threshold interpolation）分别设定为机构合作（2，2，20；2，2，20；2，2，20），作者合作（3，3，10；3，3，10；3，3，10），高频关键词共现（5，5，20；5，4，20；5，4，20），网络修剪中作者合作选择寻径算法（Pathfinder）、机构合作与关键词共现选择最小生成树精简算法（Minimum Spanning Tree）"。

（一）年度文献发文量分析

统计结果显示：以时间线来看，2016 年前，相关文献的发表只有少量几篇；发表论文主要从 2017 年开始兴起；在 2018 年达到热度的高值，共发表了 240 篇核心论文与期刊；2019 年，研究的热潮还未消退，发表核心论文与期刊 221 篇（图 1-1）。从发表主题及篇数来看，在所选文献中发表文献数排序前五的主题及篇数为特色小镇 216 篇、体育特色小镇 120 篇、体育小镇 89 篇、体育产业 86 篇及体育运动 62 篇（图 1-2）。

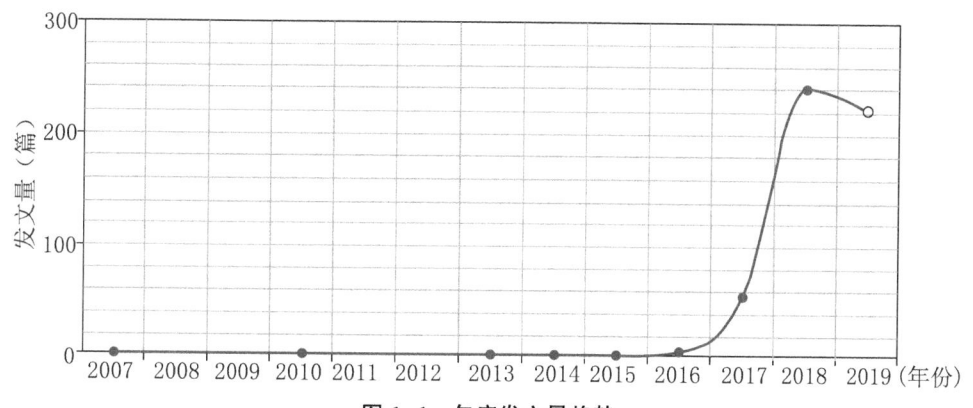

图 1-1　年度发文量趋势

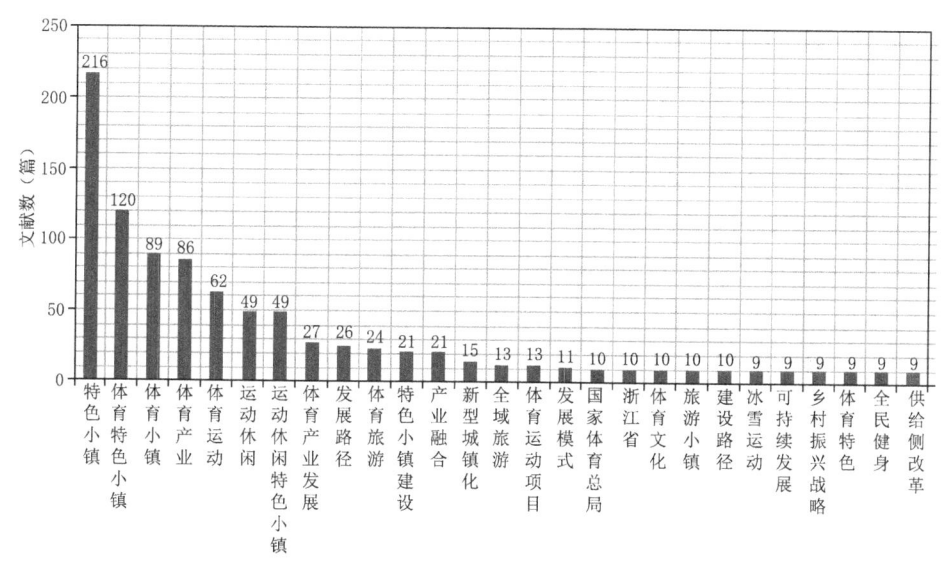

图 1-2　发文量排序前二十主题名称及篇数

（二）作者、机构发文分析

统计显示：发表文献数量大都在 2 篇以上，排名前三的作者及篇数为沈克印 8 篇、杨毅然 6 篇以及杨越 5 篇（图 1-3）；机构发文在 5 篇以上的有 19 家，发文数位于前列的机构及篇数为北京体育大学 27 篇、武汉体育学院 23 篇、成都体育学院 16 篇、曲阜师范大学 14 篇及上海体育学院 14 篇（图 1-4）。

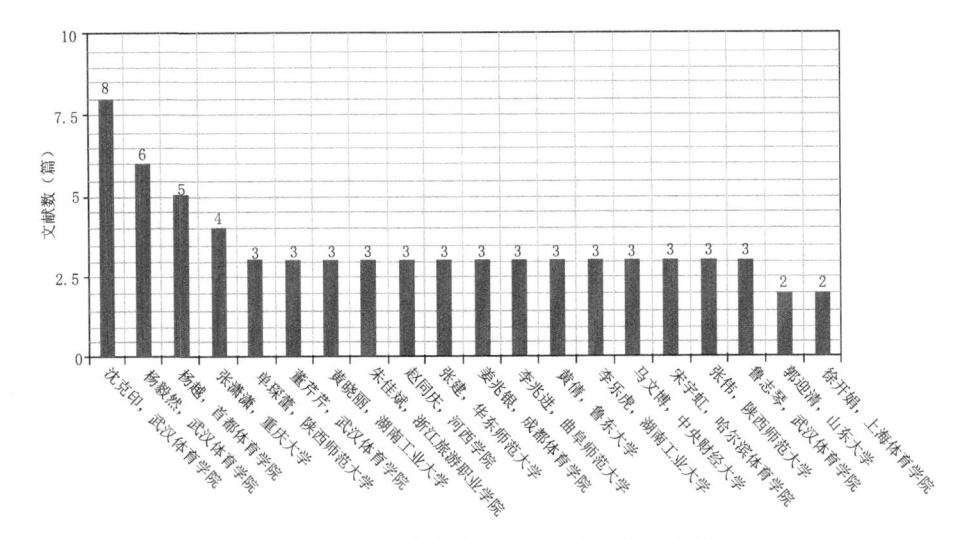

图 1-3　文献发文量排序前二十作者名称及篇数

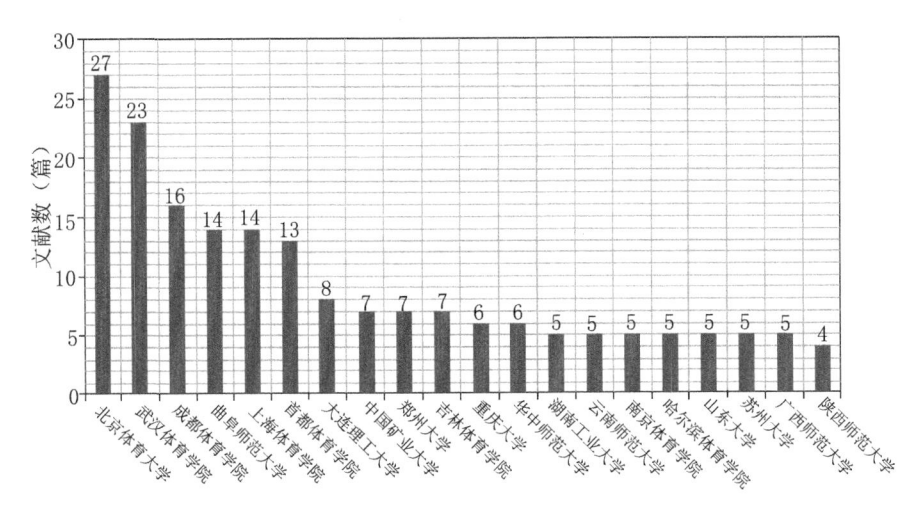

图 1-4　文献发文量排序前二十机构名称及篇数

(三) 作者、机构合作分析

机构与机构之间的合作显示，机构之间的合作与联系不够紧密，只有相对较少的几个机构之间合作较多；以中央财经大学体育经济与管理学院及首都体育学院研究生院为核心的 5 个合作共同体、以武汉体育学院为核心的 4 个合作共同体、另外还有两两合作组 6 组（图 1-5）。

图 1-5　机构合作图谱

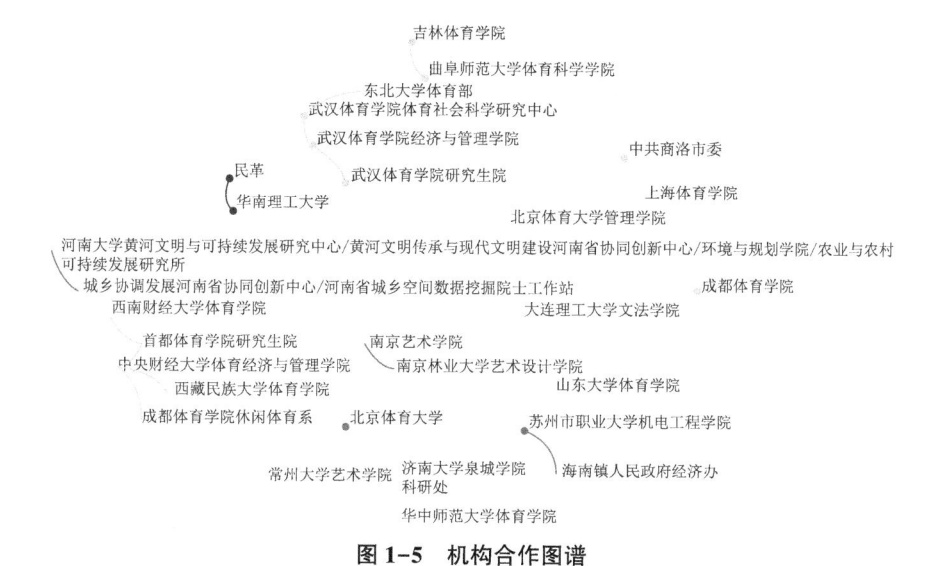

作者与作者之间的合作显示，作者合作的网络密度仅为 0.0276，互通性不强。三人的合作共同体有三组，分别是以许欣为核心的合作共同体、以沈克印为核心的合作共同体以及以吴婧为核心的合作共同体；另外有两两合作 7 组（只记第一作者）。从作者、机构之间合作图谱看，相互网络密度小，联系较为分散，国内体育小镇的发文机构集中于各所高校、体育院校以及研究院。关于体育特色小镇的学术共同体相对较少，合作的时间具有明显的阶段性（图 1-6）。

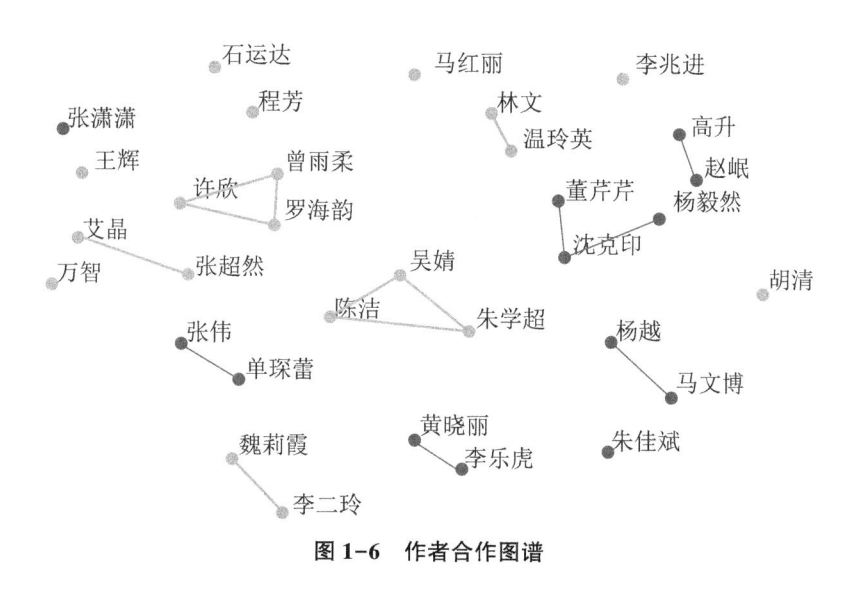

图 1-6　作者合作图谱

(四) 关键词段可视化分析

从高频共现关键词图谱看（图1-7~图1-10），并结合聚类结果将体育特色小镇研究热点归纳为几个方面：第一，特色小镇的研究。该聚类主要的高频词汇有"体育特色小镇""体育旅游小镇""运动休闲特色小镇""特色小镇建设""体育旅游建设"等，呈现出小镇的发展秉持创新性、专业性、稳定性等特点，是实现体育高质量发展的重要部分。第二，体育产业的研究。该聚类主要的高频词汇有"特色产业""产业融合""旅游""农业特色小镇""美丽乡村"等，体育产业化是在国家政策的推动下进行的，在新的发展理念中开展，因此成为建设体育特色小镇中的热点环节。第三，体育融合发展的研究。该聚类主要地高频词汇有"融合发展""跨界融合""发展路径""体育文化""全域旅游""发展对策""高质量发展"等，体育特色小镇的建设融合优势的资源配置，从多个维度、多种技术上增加小镇的竞争力。第四，体育经济的研究。该聚类主要的高频词汇有"体育经济""规划启示""指标体系""供给侧结构""城镇化""乡村振兴战略"等，体育特色小镇对于经济的推动作用也是近年来研究的热点。

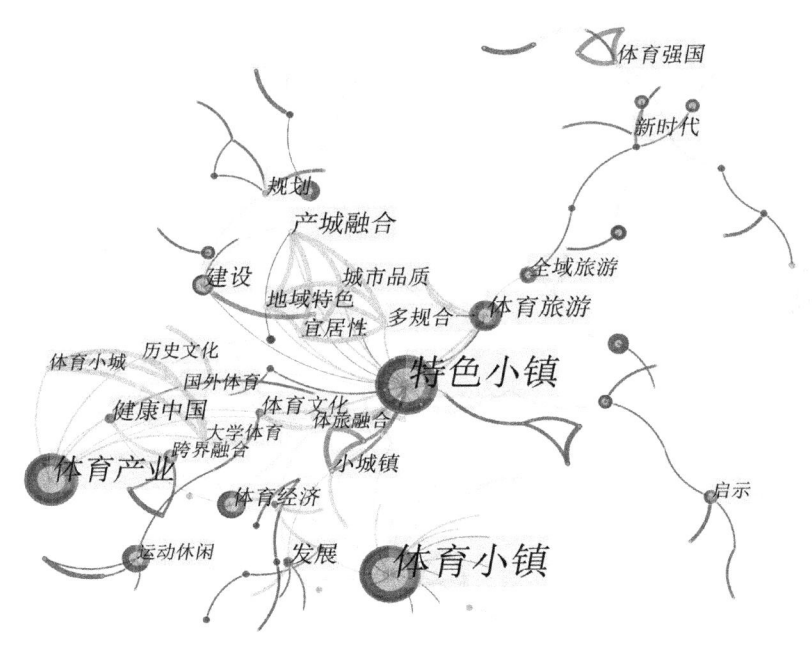

图1-7 高频共现关键词段图谱

Keywords	Year	Strength	Begin	End	2015—2019
特色小镇	2015	7.6246	**2015**	2016	
体育小镇	2015	2.3483	**2017**	2019	
体育产业	2015	6.6173	**2017**	2019	
体育特色小镇	2015	7.9684	**2017**	2019	

图 1-8　前 4 位突现关键词探测图

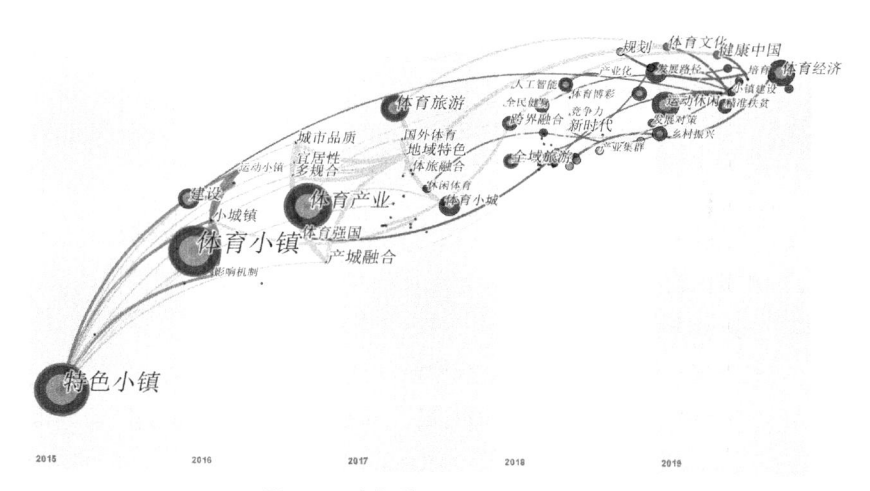

图 1-9　高频共现关键词时区视图

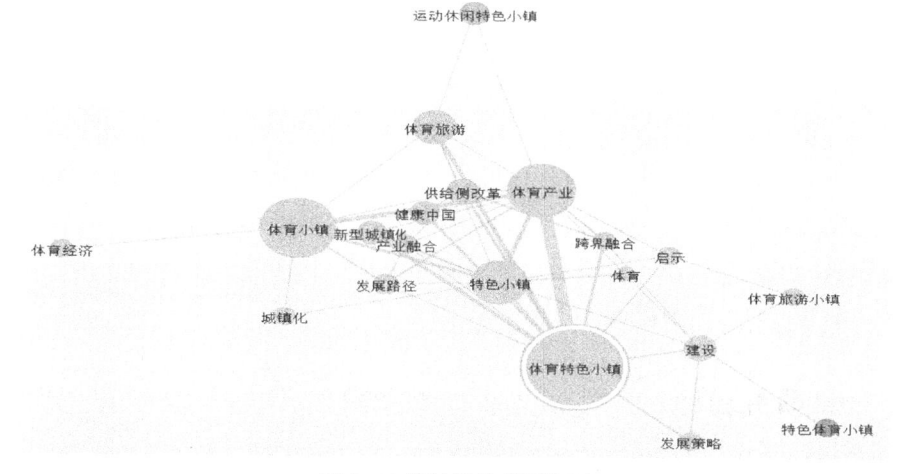

图 1-10　关键词共现网络图

三、理论和实际应用价值

(一) 理论价值

(1) 为我国新型城镇化中的特色"体育休闲"旅游小镇空间布局规划提供宏观的理论指导。

(2) 为政府制定基层体育产业政策，完善现有城乡二元结构，为基层体育公共服务"供给侧"改革提供理论支持。

(二) 应用价值

(1) 有利于从空间推移视角科学规划镇级体育休闲旅游资源，有序整合镇级低端无序的体育旅游市场，实现国家层面的全域、省域、镇域范围的空间集约统筹和体育公共服务均等发展。

(2) 有利于提升以体育休闲、体育旅游文化为主题的基层小镇之第三产业的发展，细化特色"体育休闲"旅游功能布局，为体育产业发展开辟新路径、新空间。

第二节 研究目标与内容

我国的小镇既是城乡体育产业一体化发展的连结点，也是社会主义新农村建设的示范节点，也是旅游产业升级进化的最新形式。因此，如何结合党的十八大提出的"新型城镇化"、国家十三五规划提出的"促进文化与旅游、体育等产业融合发展"战略和党的十九大报告提出"城乡融合"目标和乡村振兴战略，挖掘我国镇级特色体育休闲资源，构建"特而强"的特色体育休闲旅游小镇空间发展平台，尤其是整合优化镇级体育资源并进行"精而美"的小镇宏观空间规划布局问题就日益值得研究。

一、研究目标

本课题以体育旅游学、体育产业学、体育经济学、体育管理学等学科知识为理论研究基础，在充分调研我国潜优势体育休闲旅游小镇数据的基础上，以全域视角宏观规划设计其整体开发理念和功能定位，为实现我国特色体育休闲旅游小镇发展提供优化路径和有效参考。

（1）根据我国特色小镇体育产业现状，确立我国体育休闲旅游小镇功能定位和开发理念。

（2）通过发展转型、提质增效培育特色小镇新的经济增长点，架构我国城乡二元经济结构发展的纽带和桥梁。

（3）实现镇级体育产业发展从分散向有序、普通向高端的合理升级和体育公共服务配给的均衡流动。

（4）在全国范围内规划多个知名镇域体育旅游目的地，打造多项镇级体育旅游精品赛事，规划多条镇区级体育旅游精品线路，培育多家镇辖范围的知名体育旅游企业和体育旅游品牌。

（5）科学分析小镇资源禀赋，以山东为例，系统整理特色体育休闲旅游小镇名录。

（6）根据不同的体育休闲旅游资源特色（山岳、海岛、湖泊、湿地、草原、沙漠、古镇、民俗等），选择至少两例具有典型性或代表性的不同发展模式的特色体育休闲旅游小镇进行实证研究。

二、研究内容

（1）体育休闲旅游小镇理论体系研究。前期的资料收集主要针对国内外特色体育休闲旅游小镇的概念、特点、驱动因素、发展模式和成功经验等基本理论体系进行归纳总结，掌握这些指标体系的构建思路和方法，并提出体育休闲旅游小镇优化发展的指标选择原则和构建思想，为特色体育休闲旅游小镇发展研究奠定理论基础。

（2）我国全域内具有特色的体育休闲旅游小镇发展现状调查。体育休闲旅游小镇概念不同于现存的行政乡镇，而是部分具有体育旅游产业特征和完备的体育旅游功能，形制上高于乡村又低于城市的"精美体育"概念聚集区或生活区。依托我国镇域内"名山""名水""名人"和"多民族""多文化""多文明"的丰富自然历史旅游资源，对具有发展潜力和特点的小镇进行调研分析，筛选出具有体育旅游潜力的镇村名录，为我国特色体育休闲旅游小镇发展研究奠定前期基础。

（3）全域特色体育休闲旅游小镇的功能定位和开发理念研究。根据我国"一带一路"国家发展战略和《国家新型城镇化规划（2014—2020年）》要求，我国特色体育小镇空间布局开发，除与人口分布、资源条件和生态环境承载能力相适应外，还应以"原真""淳朴""古韵""城乡之间健康心灵归宿"及"自然""奔放""野性"为开发理念，功能上亦应兼具参赛观赛、体验娱乐、康体养生、休闲度假等基本体育休闲旅游产业功能。

（4）体育休闲旅游小镇发展路径驱动因素研究。在前期研究的基础上对我国特色镇域内的体育人文资源和自然资源禀赋中的相关驱动因素，建立体育休闲旅游小镇发展路径驱动因素指标体系，并运用系统分析理论和灰色聚类分析等方法建立驱动因素指标筛选评价体系和标准。

（5）体育休闲旅游小镇空间分析与布局研究。着力开发研究省会和沿海门户城市辖区内城乡接合部具有体育历史文化氛围和浓厚经济基础的小镇；着重研究以海、陆、空三域立体空间串联和东、中、西三级梯度发展模式联动互补发展格局及同质体育资源区域协同的"双核"辐射乡镇的卫星布局和全域体育休闲旅游小镇异质资源开发的差异化网络空间布局态势。

（6）山东省特色体育休闲旅游小镇实证研究。山东省镇域旅游资源具有"山水圣人"之儒风海韵气质，山水资源充沛，近年来特色旅游小镇发展迅速，政府扶持力度加大，尤其是特色体育休闲旅游小镇发展潜质较大，并已初具发展规模，运用布局优化理论分别选择较有特色发展成形的体育休闲旅游小镇进行实证研究具有前瞻性和代表性。

三、重点和难点

（一）重点

（1）着手微观，首先进行我国全域特色体育休闲旅游小镇资源调查，做到摸清家底，精准施策。

（2）着力建立体育休闲旅游小镇发展驱动因素指标筛选评价体系标准，制定适合且具有我国特色的体育休闲旅游小镇的开发理念和功能定位。

（3）着重从体育产业角度正确剖析小镇所具有的桥梁和辐射作用，从宏观角度科学设计，并规划我国全域特色体育休闲旅游小镇空间布局及优化路径研究。

（二）难点

（1）目前国内外对体育休闲旅游小镇的概念尚无明确统一的认识，且体育休闲旅游小镇是涉及自然、经济、社会的庞杂动态系统体系，其空间发展具有动态性，这必然会增加前期实地调研和后期定量分析的难度。

（2）我国地域辽阔，镇域体育旅游资源的分布特点尚未呈现明显的集中性，且全域范围的体育休闲旅游小镇的空间规划涉及不同地市或行政镇的利益均衡分配和博弈现象，如何合理规避矛盾，统筹协调各利益主体，共谋发展，科学优化和整体空间布局规划是本课题致力解决的难点。

（3）随着国家对小镇开发利好政策的出台，全国范围内势必会出现一拥而上、过度开发等小镇热潮，如何做到既跟上社会进步的步伐又不"乱花渐欲迷人眼"，以体育休闲旅游之视角，科学规划全域小镇空间布局和探析优化小镇科学发展路径也是本课题必须面对和克服的难点。

第三节　研究思路与方法

依据2016年10月28日国务院办公厅发布的《关于加快发展健身休闲产业的指导意见》中提出的"结合新型城镇化建设等国家重大部署，制定健身休闲重点运动项目目录，以产业示范基地等为依托，鼓励地方积极培育一批以健身休闲为特色的服务贸易示范区"的要求选定"特色体育休闲旅游小镇"为研究对象；并依据国家体育总局发布的《体育产业发展"十三五"规划》中提出充分挖掘海、陆、空等独特的户外自然资源和体育人文资源，以体育休闲旅游小镇之"空间布局与优化路径"为研究主题，着重打造"各具特色的体育产业集聚区和产业带"。

一、基本思路

本研究以"我国特色体育休闲旅游小镇发展"为主线，按照红、橙、黄、绿、蓝、青、白和黑的"平面彩色体系布局"；空中、陆地和水体的"立体空间布局"及东、中、西"三级梯度发展模式"的研究思路对体育休闲旅游小镇开发理念和功能定位进行研究，通过深入剖析其驱动机制，进而构建模式和优化路径，图1-11为具体研究思路。

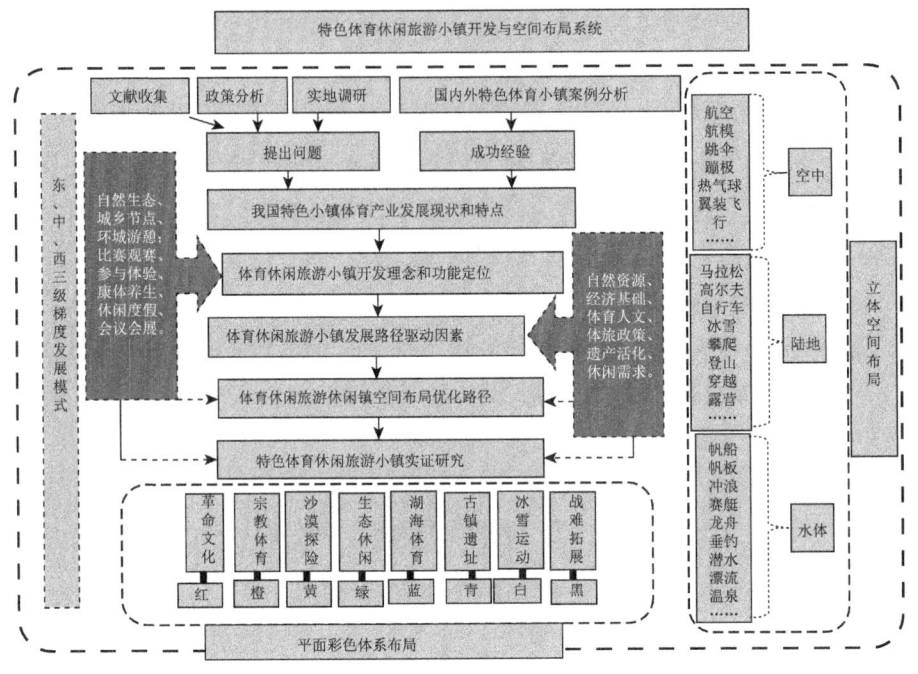

图 1-11　我国特色体育休闲旅游小镇开发与空间布局

二、研究方法

（1）实证分析与规范分析相结合。采用问卷、访谈和实地调查等实证研究和理论概括等方法对我国具有体育旅游发展潜力的小镇现状进行实地考察，通过对体育相关宏观经济数据、调研数据的实证检验和规范分析，明确国内体育休闲旅游小镇发展现状，为其发展研究提供可靠的背景分析。

（2）"点"与"面"的研究相结合。运用数据分析法和逻辑推理的方法方式对具有典型性和代表性的体育小镇进行重点实地调研和镇域考察分析，立足以"点"的研究为基础，以"面"的研究为核心，形成"点—线—网—面"的研究路径，力求在"连点成线，连线成网，多网成面"的基础上，讨论相关的体育旅游之镇域整体发展思路和模式。

（3）定性分析与定量分析相结合。运用 SPSS 统计学方法对具有发展潜质的体育休闲旅游小镇资源禀赋和驱动因素等进行定量分析和质的描述；运用 ArcGIS10.2 空间分析等方法对镇域体育休闲旅游空间布局进行理的推释和定性规划，构建出具有地域特色的体育休闲旅游小镇发展模式和优化路径。

第二章　中国体育特色小镇概述

县域范围内的特色小镇作为"城乡融合发展的重要切入点"具有先天的区位优势和独特的资源特点。我国学者对于城镇与乡村问题的研究，最具有代表性的是学者费孝通（1983）提出的"小城镇，大问题"，他倡导我国城市化应通过对小城镇的发展来推动进程。体育特色小镇紧扣时代发展机遇，应时而生，勇挑时代"特色担当"，创新良性发展机制，通过构建体育特色镇域城乡二元产业融合发展体系，为体育产品有效供给搭建重要平台、为优化体育产业空间布局创新鲜活载体、为新型城镇化建设提供新样板；通过宏观战略布局，实施乡村振兴战略框架下的体育特色小镇实体理性介入，有利于有序整合村—镇—城三级端无序的体育市场，实现城—镇—乡之体育产业空间集约统筹和区域新旧动能转换，也是对我国"乡村振兴战略"和"体育产业高质量发展"要求的具体本土实践。

第一节　体育特色小镇的发展背景

党的十八大后，国家发改委、财政部和住建部于2016年7月联合发布《关于开展特色小镇培育工作的通知》，文件提出到2020年建设1000个特色小镇的目标。同年10月国务院印发《关于加快发展健身休闲产业的指导意见》，12月国家体育总局和国家旅游局联合推出《关于大力发展体育旅游的指导意见》，相继提出了关于体育产业与其他产业相互融合发展的政策方向，在体育旅游与特色小镇的相关政策指引下，体育特色小镇作为集体育、健身、旅游、休闲为一体的新兴业态，进入了公众的视野并被赋予了高度的期望，为体育产业描绘了更广阔的蓝图。2017年5月11日，国家体育总局发布《关于推动运动休闲特色小镇建设工作的通知》，紧跟全国特色小镇建设的大趋势，体育小镇正式获得了国家政策支持，我国运动休闲特色小镇建设正式启动。江苏省率先在体育系统提出建设

"体育健康特色小镇",小镇是以体育健康为主题和特色,多种功能叠加的空间区域和发展平台。

全民健身国家战略的号召及《"健康中国2030"规划纲要》(以下简称《纲要》)的颁布,全民健康深入人心,该《纲要》提出要营造积极健康的健身市场,发挥社会力量打造全民的健身休闲产业;随着生活水平的提高和健身意识的增强,人民群众对健身的需求日益提高,促成了健身产业及相关市场发展的动力;旅游成为人们生活中休闲放松的一种积极方式,在未来的发展势不可当,单纯的观光游已不能满足,亟待需要一种全新的体验式放松方式;单纯的体育运动或旅游已跟不上需求的节奏,体育特色小镇从供给端发力,打造一种全新的运动、休闲、度假模式,带动消费的升级和产业的新发展,落实"创新、协调、开放、绿色、共享"的理念,体育特色小镇的发展是对供给侧结构性改革政策的有力支持,是解决现阶段多种休闲需求的最佳方案之一,是促进体育产业发展的新的载体,蕴含着巨大的产业商机,将成为未来强劲的经济引爆点。

"体育+旅游"产业融合模式能否促进体育特色小镇的发展,有哪些因素推动着体育特色小镇的发展,如何把各方面的力量集成化达到最佳配置、实现共生是现阶段发展体育小镇十分重视的问题。因此,在国内体育特色小镇建设初期阶段,驱动机制成为体育特色小镇发展中重要的研究课题,并试图通过驱动机制的研究为体育特色小镇的发展提供理论依据和指导,为体育小镇的开发、运营提供可参考的模式,以利于体育特色小镇的长远发展,也是研究的重要方向。另外供给侧结构性改革的需要,供给侧结构性改革是针对当前的经济形势而提出的宏观的管理策略,旨在通过改革实现新的经济增长点,促进社会稳定、健康的发展。体育特色小镇的建设是推进体育、旅游产业的供给侧改革,是体育产业跨界融合发展的创新之举。

第二节 体育特色小镇的概念与特点

2018年8月30日,国家发改委下发《国家发展改革委办公厅关于建立特色小镇和特色小城镇高质量发展机制的通知》,文件中提出建设特色小镇和特色小城镇是新型城镇化与乡村振兴发展的重要结合点,也是促进经济高质量发展的重要平台。伴随着我国经济实力不断发展、人民的生活水平不断提高,人民对体育的需求不断多元化发展。一些偏远落后地区利用当地自然风景和历史文化禀赋资源改变当地贫穷落后的面貌，体育城乡一体化的出现加速了我国新型城镇化的进程。集国家政策支持和社会资源力量，国家启动体育特色小镇建设，在全国掀起了体育特色小镇的建设热潮。体育特色小镇是集体育产业聚集区、旅游景区、新型城镇化发展区的结合体，具备"产业+文化+旅游+社区"的综合功能。在体育产业供给侧改革和全民健身的大背景之下，体育特色小镇的出现将成为我国体育产业发展新的推动点。

一、体育特色小镇的概念

体育特色小镇是在特色小镇基础上发展起来的，除了具备普通特色小镇的特点外，还融合了诸多体育元素和模式。而且特色小镇的功能较为多样，不同功能之间相辅相成，各类功能特征使特色小镇的综合性得以体现。其中最主要的功能就是特色小镇发展过程中所带来的经济效益，这也是保障小镇长远发展的重要推动力。从产业价值的角度来说，各界也逐渐将特色小镇视为经济社会转型阶段一种新的产业形态，各学者也分别从不同的角度进行了阐述（表2-1）。

体育特色小镇归属于体育产业，从体育产业和产业价值的角度来说，各界也逐渐将特色小镇视为经济社会转型阶段的一种新兴的产业形态，同时体育特色小镇的建设也是我国现代化社会发展和体育事业蒸蒸日上的必然趋势。体育特色小镇的出现推进我国特色小镇多样化发展，同时也加快体育产业的快速推进，增加我国体育整体的经济收益。在人们生活水平逐渐提高的大环境下，大众对体育的消费需求也越来越强，体验式的旅游方式、积极健康的运动项目成为大众优先选择体育特色小镇最主要的原因。因此，体育特色小镇在当前具有良好的发展前景。

表 2-1 有关特色小镇和体育特色概念的作者、文献一览

时间	定义	特征功能	作者	期刊文件
2015/4/22	特色小镇是相对独立于市区,具有明确产业定位、文化内涵、旅游和一定社区功能的发展空间平台,区别于行政区划单元和产业园区	独立单元	浙江省人民政府	《关于加快特色小镇规划建设的指导意见》(2015年)
2015/9/18	特色小镇并不是传统意义上的小镇,而是以特色产业和产业文化为核心,以创业、创新为因子,多种经济元素聚合的一种新的经济形态,是一种产业链融合、各种创新要素聚合的产业升级和经济转型平台	依托于互联网技术、全要素投入和全产业链架构的高端经济形态,是体制机制创新的成果和结晶。可能是以某个产业为核心,但外延没有边界;也可能聚集在某个小区域,却能在全球配置资源;也许只是生产一种产品,但合格有人类文明的印迹	周少华	《浙江日报》2015年9月18日第1版
2016/3/7	相对独立于市区,区别于行政区划单元和产业园区,具有明确产业定位、文化内涵、旅游和一定社区功能的发展空间平台		陈安华、江琴、张歆、等	《"特色小镇"影响下的小城镇建设模式反思——以永康市龙山运动小镇为例》,《小城镇建设》2016年第3期
2016/4/1	特色小镇并不是传统意义上的小镇,是以特色产业和产业文化为核心,以创新创业型产业聚合的产业升级和经济转型平台。特色小镇既可以是产业集聚型大社区,又可以是较大的村庄,还可以是城市内部相对独立的区块和街区,其中部分服务功能可以和城市共享	核心是特色产业,一般是新兴产业,如私募基金、互联网金融、大数据和云计算、健康服务业、创意设计,其他易于密集型产业。特色小镇也是一个宜居宜业的现代化的办公环境,既有自然生态环境,丰富的人性化交流空间和高品质的公共服务设施	吴一洲、陈前虎、郑晓虹、等	《特色小镇发展水平指标体系与评估方法》,《规划师》2016年第32卷第7期

续表

时间	定义	特征功能	作者	期刊文件
2017/1/25	特色小镇是特色产业、地域文化、环境优美和配套完善的综合体	特色小镇作为特色产业、地域文化、环境优美和配套完善的产业组织形态,是一种可持续化创新的产业组织形态,对优化产业结构、生产力布局、空间资源配置和推进供给侧结构性改革具有重要推进作用	张吉福	《特色小镇建设路径与模式——以山西省大同市为例》,《中国农业资源与区划》2017年第38卷第1期
2017/4/1	特色小镇是一个空间载体,具有明确的产业内涵、文化内涵、旅游定位及一定社区功能的创业平台。特色小镇不是一个小城镇的概念,而是产业发展的一个载体	(1)特色产业带动 (2)四种功能复合。包括产业发展、文化、旅游、社区四项 (3)形态小,环境美 (4)坚持市场化运作	赵海洋	《基于SEM的我国特色小镇项目社会效益评价研究》,《山东建筑大学》2017年
2017/4/14	特色小镇者依据某一特色产业和特色环境因素(如地域特色、生态特色、文化特色等),打造的具有明确产业定位、文化内涵、旅游特征和一定社区功能的发展综合体	以人为本、"产业互动"融合,"三产互动"、"四化"联动,破解城乡二元结构新型新型城镇化的重要着力点。特色小镇是推进创新创业的重要载体。破解"三产"联动、"四化"同步困境的突破口。特色小镇是加快美丽乡村建设的推进器,是厚植城市底蕴与历史文化的传承器	史云贵	《当前我国特色小镇的功能与路径创新》,《国家治理》2017年第14期
2017/5/9	以运动休闲为主题打造的具有独特体育文化内涵、良好体育产业基础,运动休闲、旅游、文化、养老、健康、教育培训等多功能于一体的全民健身发展平台、空间区域和体育产业基地	多元化	国家体育总局	《国家体育总局办公厅关于推动运动休闲特色小镇建设工作的通知》(2017年)

续表

时间	定义	特征功能	作者	期刊文件
2017/6/1	以某一特色产业为依托，具有一定的产业基础和清晰的产业定位，通过政府、企业等多方参与规划建设，具备独特的文化内涵、宜居宜游的环境、完善的基础设施以及灵活的体制机制的一种新的区域新发展模式	形态精美，产业"特、强、精"，体制机制创新，功能融合	刘国斌，高英杰，王福林	《中国特色小镇发展现状及未来发展路径研究》，《哈尔滨商业大学学报（社会科学版）》2017年第6期
2017/6/12	体育特色小镇是以体育产业为载体，聚焦体育，融合健身休闲、旅游、养老、金融、娱乐等多种功能于一体，具有明确产业定位与文化内涵的聚集体	特色小镇是涵盖产业、市场、文化、人文多元功能于一体，具有创新性、现代性、发展性、特色性，适合就业、适合创业的新型发展平台，融合旅游、文化、健康等产业嫁接体育、合发展的重要空间，建设美丽乡村、破解城乡二元结构的有效抓手。改变传统城镇化发展模式是供给侧结构性改革的重要举措	陈磊，陈元欣，张强	《国内外体育特色小镇建设启示——以湖北省为例》，《体育成人教育学刊》2017年第33卷第3期
2017/6/15	体育特色小镇作为体育产业供给侧改革的创新实践，是体育产业跨界融合的新模式，对于新型城镇化和健康中国建设具有重要意义	（1）区位因素、丰富的自然资源、完善的乡村旅游、趣味的马拉松赛事等优势是促进大力推进体育马拉松镇内部动力。（2）我国对特色小镇的扶持政策，国外的诸多案例经验，互联网技术的应用是促进体育特色小镇发展的外部机遇	沈克印，杨毅然	《体育特色小镇：供给侧改革背景下体育产业跨界融合的实践探索》，《武汉体育学院》2017年第51卷第6期

续表

时间	定义	特征功能	作者	期刊文件
2017/7/21	尽管中央和地方政府积极推动PPP公共体育服务项目，由于制度环境、契约精神、风险保障、投融资回报、法律法规等方面的缺位与错位，导致社会资本仍然对公共服务项目处于观望与考察阶段。通过对若干体育小镇的参与考察发现，对于少部分体育服务项目和体育PPP公共体育小镇的核心关键词他们似乎并非在意，更多的是先有体育特色小镇的"土地产权"，而真正具有绝对价值优势的体育小镇却特别稀少，亟待开发		李明	《PPP模式介入公共体育服务项目的投融资回报机制及范式研究——对若干体育小镇的考察与思考》，《体育与科学》2017年第38卷第4期
2017/8/15	在全面建设小康社会进程中，加快健康中国和新型城镇化建设，打赢脱贫攻坚工作，以"运动休闲为"主题打造独具特色体育文化内涵，具有良好体育产业基础，集运动休闲、旅游、文化、健康、养老、教育培训等多种功能于一体的全民健身发展平台和体育产业基地	在全面建设小康社会进程中，加快健康中国和新型城镇化建设，打赢脱贫攻坚工作，以"运动休闲为"主题打造独具特色体育文化内涵，具有良好体育产业基础，集运动休闲、旅游、文化、健康、养老、教育培训等多种功能于一体的全民健身发展平台和体育产业基地	张潇潇	《"互联网+视域下的"体育小镇"构建研究》，《南京体育学院学报》2017年第31卷第4期

续表

时间	定义	特征功能	作者	期刊文件
2017/8/15	以运动休闲为主题打造的具有独特体育文化内涵、良好体育产业基础，集休闲、旅游、文化、养老、教育培训等多种功能于一体的全民健身发展平台和体育产业基地	（1）为丰富体育产品有效供给搭建了重要平台 （2）为优化体育产业空间布局创新了鲜活载体 （3）为破解城乡二元结构促进城乡协调发展提供了有效抓手	刘灏，张宏杰	《新型城镇化视域下运动休闲特色小镇建设机制及路径研究》，《南京体育学院学报》2017 年第 31 卷第 4 期
2017/10/5	特色小镇指依赖某种特色产业和特色环境因素打造的具有明确的产业定位、文化内涵及社区功能的综合性开发项目。作为城乡一体化的新型城镇化模式，特色小镇的概念不断延伸，其产业类型从产业型、文旅型逐渐延伸到农业型、林业型和体育型特色小镇。建设农业型、林业型和体育型特色小镇是破解城乡二元结构的经济的一剂良方，不仅具有现实的、可行性，也会有很好的社会效益。这些类型的特色小镇有效集合了新型城镇化发展区、特色产业和旅游景区，作为我国供给侧结构性改革的探索之一，将在产业、文化、旅游和社区四大功能上提供更多的商业机会	有效集合了新型城镇化发展区、特色产业和旅游景区，作为我国供给侧结构性改革的探索之一，将在产业、文化、旅游和社区四大功能上提供更多的商业机会	阮晓东	《特色小镇概念延伸下的商业机会》，《新经济导刊》2017 年第 10 期

续表

时间	定义	特征功能	作者	期刊文件
2017/11/2	特色体育小镇是一种以体育为载体，融合运动休闲、文化、旅游、养老等多重功能，不同群体有效聚合机群、产业群，服务综合体与企业、资源、产业链、消费圈，运用马克思主义政治经济学的"空间生产"理论对特色体育小镇空间生产的理论框架进行解析	我国体育小镇建设中政治上注重权力引导，经济上引入社会资本遵循资本循环逻辑，社会上构建互动关系网络，文化上促进空间人文消费的路径	司亮，王薇	《我国体育小镇空间生产的理论框架及实践路径》，《沈阳体育学院学报》2017年第36卷第5期
2018/1/1	体育特色小镇的概念可以定义为以体育产业为核心，以项目为载体，围绕着体育、旅游、健康、文化休闲及养老等多种产业，融合健身休闲、文化娱乐功能于一身，将创新资源进行整合及激活，打造具有独特体育精神气质和文化的特定区域	（社会功能）体育特色小镇的创新之处在于将体育、旅游、健康、文化、养老、休闲6大内容进行融合，将以体育项目和社会功能为具体目标，依托我国各地良好的地形地貌打造出独立于建制镇的以体育为主线的特色小镇	王超然	《体育特色小镇研究》，《运动》2018年第2期
2018/1/1	体育特色小镇是体育产业与体育特色小镇相融合而形成的具有体育特色的小镇	体育特色小镇作为服务消费终端，应满足不同年龄和消费层次人群的功能需求。除小镇所应具备的基本功能之外，还应具备观赏、体验、休闲、培训等特殊功能	张月雷，张宝雷，杜辉，等	《"健康中国"背景下体育特色小镇创建路径研究》，《哈尔滨体育学院》2018年第36卷第1期

续表

时间	定义	特征功能	作者	期刊文件
2018/1/15	运动休闲特色小镇是以运动休闲为主题，聚集产业发展要素，集观赏、展览式、集聚模式，文化、旅游、养老、教育培训、大数据关联等产业融合发展的空间区域，全民健身发展平台和体育产业基地	运动休闲特色小镇包括赛事型运动休闲特色小镇、培训型运动休闲特色小镇、娱乐型运动休闲特色小镇、健康型运动休闲特色小镇、智能制造型运动休闲特色小镇和文化民俗型运动休闲特色小镇6类	张雷	《运动休闲特色小镇：概念、类型与发展路径》，《体育科学》2018年第38卷第1期
2018/1/23	休闲特色小镇是以运动休闲为主题，集运动休闲、文化、旅游、健康、养老、教育培训等多种功能于一体的空间体育产业基地，全民健身发展平台和体育产业基地	根植性是体育特色小镇建设的立足之本；体育特色小镇的综合体，聚集和消费集聚的重要度上承担了城市功能疏解的重任；自然禀赋是体育特色小镇建设的立足之本；社会资本是体育特色小镇建设的重要保障；市场需求是体育特色小镇发展的前提条件	范斌	《基于根植性理论视角下的我国体育特色小镇建设路径机制研究》，《体育与科学》2018年第39卷第1期
2018/2/1	体育特色小镇是全面推进建小康社会建设过程中，推进健康中国和新型城镇化建设，加快脱贫攻坚，以运动休闲为主题打造的具有独特体育文化内涵、良好体育产业基础，集文化、健康、旅游、教育等多种功能一体化的空间区域	有利于推进新型城镇化建设。有利于推进社会治理精细化。有利于推动体育产业创新和升级。有利于促进体育产业跨界融合	杨毅然，沈克印	《供给侧改革背景下我国体育特色小镇建设路径探讨》，《体育成人教育学刊》2018年第34卷第1期
2018/3/28	是区别于大城市的，尤其是区别于大城市的一种生活方式，不论这个小镇是什么特色的，生活都其中必不可少的组成部分，必须是一个有情有趣的生活之所在	不仅是经济转型升级和供给侧改革新的重要抓手，也是在新型城镇化建设过程中推动城乡发展一体化的重要举措	郭琴	《体育特色小镇建设二元模式的路径探索》，《体育与科学》2018年第39卷第2期

续表

时间	定义	特征功能	作者	期刊文件
2018/4/27	运动休闲特色小镇建设在全国蓬勃发展,成为体育产业发展的另一个方向标	体育小镇作为体育产业供给侧的创新实践,对于推进供给侧改革,实现健康中国战略、新型城镇化有促进作用	蒋宇斌	《国外运动休闲小镇建设经验启示——以加拿大班夫镇、新西兰皇后镇为例》,《2018年全国体育社会科学年会论文集》2018年
2018/4/27	体育特色小镇的概念和基本特征体育小镇是指具有明确体育文化内涵与体育产业定位的,集生产、生活、旅游、居住为一体的,具有特色化、功能集成化,环境生态化和机制灵活的体育功能载体平台,是体育产业集聚的更高层次	我国体育特色小镇建设的基本路径和举措,为进一步开拓体育产业的发展提供学习和借鉴。其产业涵盖范围广、规模视产业集聚现状而定,大小不等,既有利于集中行政建制镇,亦可以是具有明确边界的体育集聚空间	朱呈然,钟知伦	《中国体育特色小镇建设的回顾与展望》,《2018年全国体育社会科学年会论文集》2018年
2018/5/10	体育特色小镇是全面建成小康社会过程中,助推健康中国和新型城镇化建设、促进脱贫攻坚,以运动休闲为主题打造的具有独特体育文化内涵、良好体育产业基础、集文化、健康、旅游、教育等多种功能一体的空间区域	集休闲、运动、旅游于一体的休闲型体育特色小镇	张泽君,隋凤娟,张建华,等	《"互联网+"视域下体育特色小镇发展研究》,《河北体育学院学报》2018年第32卷第3期
2018/5/26	体育特色小镇包括工作、休闲、学习融合到一个"产品包"中的"体育+旅居"的康养小镇,"体育+科技"的体育产业智造园,"体育+文化"的体育休闲小镇,"体育+IP"的赛事小镇等发展模式	有利于人类游憩经历了从工具玩具具的过程,生活方式已从标准走向多元定制化,休闲理念从掠夺体验,在慢生活回归的当下需求偏好从泛众走向精众,对健康认知从知识社会到全民健康社会等转变	史永,孙慧峰	《基于休闲视角下的体育小镇发展模式探析》,《曲靖师范学院学报》2018年第37卷第3期

续表

时间	定义	特征功能	作者	期刊文件
2018/5/29	运动休闲特色小镇是集运动休闲、文化、健康、旅游、养老、教育培训等多种功能于一体的空间区域，全民健身发展平台和体育产业基地	集宜居、宜养、宜游、宜业、宜练等多功能特征为一体	胡昌领	《体育特色小镇的功能定位、建设理念与精准治理研究》，《体育与科学》2018年第39卷第3期
2018/7/30	(1) 特色小镇是与行政区划单位及产业园相区别、相对独立于市区，且具有明确产业定位和丰富文化内涵、涵盖旅游及相应社区功能的空间载体 (2) 特色小镇是与行政区划单位及产业园相区别、相对独立于市区，且具有明确产业定位和丰富文化内涵、涵盖旅游及相应社区功能的空间载体 (3) 特色小镇是推动产业和城市发展的综合体，它在空间上具有较高的产业集聚度，在功能上具有较强的资源集聚度 (4) 特色多元功能涵盖产业、市场、文化、人文多元功能于一体，具有创新性、现代性、发展性、特色性，适合就业、工作与休闲的新型发展平台和空间	(1) 产业发展是特色小镇建设的核心 (2) 特色小镇汇集多元功能于一身 (3) 特色小镇具有独特的精神气质与文化风味	王学彬，项贤林	《体育特色小镇建设：域外经验与中国路径》，《上海体育学院学报》2018年第42卷第4期

续表

时间	定义	特征功能	作者	期刊文件
2018/9/15	是这些国家人民的主流生活场。欧美国家的人从骨子里喜欢居住在小镇里,特别后工业时代以来,人们不太喜欢人群嘈嘈的大都市,而倾向去更接近自然的特色的小镇	不仅能够带动小镇所在区域体育产业发展,促进体育与健康、文化、科技、养生及相关产业融合发展,还可以形成各具特色的运动休闲聚集区,构建与本地经济社会相适应的全民健身发展格局	沈克印,董芹芹	《体育特色小镇建设的地方探索与培育路径——以浙江省柯桥酷玩小镇为例》,《武汉体育学院学报》2018年第52卷第9期
2018/9/27	体育特色小镇既是历史发展的必然产物,也是我国社会、经济、体育领域改革的一次重要尝试,取得了很多重要经验,但是也出现了很多问题	利用体育这一优势载体,推进体育与社会发展相互融合,把体育与其他产业的互相促进,利用体育这一基点撬动社会资源,比如"体育+旅游""体育+文化"等	崔建国	《我国体育特色小镇发展研究》,《体育学刊》2018年第25卷第6期
2018/11/25	体育特色小镇文化来源于创意提炼,是一个自然升华的过程,其中会涉及小镇主题定位、资源评价、产业布局、产品特色、运营手段和建筑形态等诸多方面	体育特色小镇"产城人文"融合发展,具有起点高、资金投入大、涉及联动的行业门类广等特点,其顶层设计要统筹兼顾到宏观经济、体育产业、城镇建设、市场环境、金融资本、人本需求和文化创新等众多方面	鲁志琴	《"产城人文"视角下体育特色小镇发展"顶层设计"问题反思》,《天津体育学院学报》2018年第33卷第6期
2018/12/5	特色小镇主要指聚焦特色产业和新兴产业,集聚发展要素,不同于行政建制镇和产业园区的创新创业平台	特色小城镇是指以传统行政区划分为单元,特色产业鲜明,具有一定人口和经济规模的建制镇。特色小镇非镇,是各种特色发展要素的聚集区。同时,特色小镇和小城镇之间又有着密切的联系,二者相得益彰,互为支撑,小镇是小城镇特色发展中的重要发展主体,小城镇是特色小镇发展的主要载体	梅星星,高亚文,侯建辉,等	《河南省特色小镇建设现状分析与细节把握》,《安徽农业科学》2018年第46卷第33期

续表

时间	定义	特征功能	作者	期刊文件
2019/1/28	体育小镇是特色小镇建设的重要组成部分	科学规划实现体育特色小镇与新型城镇化进程协同发展，功能设置向"产城"融合转变，政府角色从全能政府向"有限""有效"政府转变，实行市场运作，保障政策实效等建设路径	王辉，等	《中国体育小镇的建设路径探析——基于江苏体育健康特色小镇的实地调研》，《体育科学研究》2019年第23卷第1期
2019/2/20	体育特色小镇与体育、旅游等产业融合发展，正在成为新型城镇化的重要载体	体育小镇的主导功能不同，但其交通系统都需要融入运动和康体主题元素，也要更加注重绿色环保的交通文化和体验，塑造美好生活导向的交通文明	陈志强	《体育小镇交通发展思考》，《综合运输》2019年第41卷第2期
2019/2/28	体育特色小镇建设是我国新型城镇化和促进体育产业发展的重要抓手之一	以运动休闲康养产业和环境资源为基础，以政府和投融资支持为依托，以产城一体化开发为手段，以大旅游、大健康、大文化为引擎和目标归宿	胡美华	《运动休闲特色小镇规划策略研究——以上海练塘为例》，《安徽体育科技》2019年第40卷第1期
2019/3/1	为以运动休闲为主题打造的具有独特体育文化内涵，良好体育产业基础，运动休闲、文化、健康、旅游、养老、教育培训等多种功能于一体的空间区域，全民健身发展平台和体育特色建设基地	产业单一，市场活力不够，主题不明显。核心产业特色不够，主题不明显。有关体育特色小镇的政策，布局还不完善	回壮壮，成民铎	《产业经济学视角下体育特色小镇的建设研究》，《体育科技文献通报》2019年第27卷第3期
2019/5/15	体育小城镇特色化发展是我国新型城镇化建设的重要内容，住宅建筑是小城镇空间建设的主体	为结合小城镇发展状况的差异，分区域分条件地提出住宅容积率的建设标准，体育小镇建设对我国小城镇建设规划技术标准与政策的建立起到促进作用	段莹	《特色风貌营造视角下的小城镇规划设计——以江苏省铜山体育小镇为例》，《小城镇建设》2019年第37卷第5期

028

续表

时间	定义	特征功能	作者	期刊文件
2019/5/15	体育特色小镇是旅游构建背景下体育产业跨界融合的新业态	解决人民日益增长的美好生活需要和不平衡不充分发展之间矛盾的有效手段之一，对健康中国建设具有积极意义	马荣超，罗金华	《三明市体育旅游特征与SWOT分析——以体育特色小镇构建为背景》，《武夷学院学报》2019年第38卷第5期
2019/6/5	特色小镇并非一个行政意义上的城镇，而是一个大城市内部或周边的，在空间上相对自立发展的，具备特色产业导向、景观旅游和日常生活功能可以是大都市目集合体。特色小镇既可以是大都市周边的小城镇，又可以是较大的村庄，还可以是城市内部相对独立的区块和街区，其中部分服务功能可以和城市共享	发展特色产业。环境绿色宜居。公共设施服务便利完善	郑欣	《中国特色小镇的概念与特点分析》，《现代经济信息》2019年第11期
2019/6/15	体育特色小镇是供给侧改革大背景下体育产业融合的承载体	优秀的小镇建设具有"大格局、大布局"规划平衡，产业融合契合度提高，功能特色突出，经济投入与消费产出比平衡的作用	唐元超，马祥，范佳祥，等	《供给侧改革背景下体育小镇发展的困惑与对策》，《天津中德应用技术大学学报》2019年第3期
2019/8/15	体育小镇的研究内容错综复杂，以域外经验、地方探索和不同理论视角下的为主	未来的研究一方面旨在将实践经验"理论化"，以实现成熟小镇"样板化"；另一方面小镇发展的研究向"品牌化"和"智慧化"过渡	展茂浩	《我国体育小镇研究的回顾与展望——基于CNKI数据库分析》，《福建体育科技》2019年第38卷第4期

029

续表

时间	定义	特征功能	作者	期刊文件
2019/9/26	从产业角度而言，特色小镇是具有特色产业，或具有可发展为特色产业的自然资源、人文资源、产业基础的，能起到经济带动作用和要素集聚的创新创业平台。从文化哲学的角度，特色小镇是文化特色鲜明，"产、经、城、人、文、游"深度融合的生态宜居宜业宜游社区	特色小镇在长三角地区、以川贵为中心的西南地区集聚现象明显，此外，山东省和广东省的特色小镇也具有明显的数量优势	李 龙，李春艳	《特色小镇内涵及可持续发展研究》，《智库时代》2019年第40期
2019/10/28	运动休闲小镇的建设是促进体育经济产业结构改革、丰富体育文化、迈向体育强国走出的坚实一步	国外运动休闲小镇的发展模式和成功经验，国外运动休闲小镇主要分为体育竞赛、休闲娱乐、体育培训和运动养生四种类型	戴志东，程明吉	《运动休闲小镇研究——以国外经验为借鉴》，《宿州学院学报》2019年第34卷第10期
2019/11/1	体育特色小镇是我国体育产业和新型城镇化不断快速发展的产物	一方面能够弥补国内相关研究的空白，另一方面也有助于从总体上梳理国内体育特色小镇的研究状况，对今后体育特色小镇的理论研究和实践进展都有重要意义	王姝苴	《我国体育特色小镇研究的知识图谱分析》，《第十一届全国体育科学大会论文摘要汇编》2019年
2019/11/1	我国处于经济社会大发展时期，面临着城镇化的新阶段，特色小镇作为一种新的城镇化模式开始发挥其重要作用	一些特点鲜明的旅游小镇，这些旅游特色小镇在有限的空间时间内快速推动乡村的多样发展，证明了旅游特色小镇在我国乡镇有生命力和活力	叶安迪	《安徽省旅游特色小镇建设研究》，《安徽大学》（2019年）

续表

时间	定义	特征功能	作者	期刊文件
2019/11/19	体育特色小镇是民族传统体育文化保护与弘扬的创新路径	如果说民族传统体育文化正面临生存危机的尴尬境遇,那么体育特色小镇建设便是其医治良方。从民族传统体育文化保护的角度看,借助体育特色小镇建设,体育特色小镇离不开民族传统体育文化印记,可倒逼通过民族传统体育文化创新,能助力民族传统体育"文化源"的开发与建构	王松、张凤彪、毛瑞秋等	《体育特色小镇:民族传统体育文化保护、传承与弘扬》,《沈阳体育学报》2019年第38卷第6期
2019/12/1	体育特色小镇不是传统意义上由行政建制的乡镇,而是某个特定区域围绕某项体育项目及赛事形成的,由政府引导、企业运营、大众参与模式的,以教育、旅游、文化等多项功能为一体的产业链群	某个特定区域围绕某项体育项目及赛事形成的,由政府引导、企业运营,大众参与模式的,集竞赛、教育、旅游、文化等多项功能为一体的产业链群	刘波	《我国发展体育特色小镇的价值与路径研究》,《体育师友》2019年第42卷第6期
2019/12/12	我国体育特色小镇金融支持手段主要是政府和社会资本合作,金融机构支持和政府财税支持	建设完善相关法制建设,规范融资过程;运用多种融资手段,拓宽融资渠道;优化金融体系,提高金融资源配置效率;持续推进金融供给侧结构性改革	李金龙	《体育特色小镇的金融支持手段研究》,《体育世界》(学术版)2019年第12期
2019/12/25	体育产业与相关产业融合发展,是新时期体育产业发展的"新常态",沧州武术文化小镇的实践探索是体育产业与相关产业融合发展的典型代表	让游客有更好的选择体验,消费体验,服务体验,提高游客户外运动旅游感受	刘睿	《体育产业与相关产业融合发展的路径研究——以沧州武术文化小镇为例》(自然科学版)2019年第39卷第4期

031

续表

时间	定义	特征功能	作者	期刊文件
2020/1/5	以体育产业为核心，以项目为载体，围绕体育、健康、旅游、文化休闲及养老等多种产业，融合健康休闲、文化娱乐功能为一身，将创新资源进行整合，打造具有独特体育精神气质和文化的特定区域	体育特色小镇应当体现出运动休闲、健康旅游等特点。建设体育特色小镇首先要找准定位，明确铁岭的体育特色和发展方向，突出铁岭独有的体育文化和社会氛围	苏萌苤	《铁岭市体育特色小镇建设的路径探索》，《中外企业家》2020年第1期
2020/1/25	具有文化软实力的，推动体育改革的城市建设	足球特色小镇的综合价值包括提升区域文化软实力、丰富体育参与形式、优化足球服务供给路径、推动智能体育生活化和智慧城市建设，助力足球运动改革发展	宋冰	《体育产业融合发展下足球小镇的当代价值、实现机制与发展策略》，《哈尔滨体育学院学报》2020年第38卷第1期
2020/2/5	特色小镇是文旅融合重要的创新实践平台之一	研究陕西特色小镇示范模式研究以及特色小镇的开发建设具有重要的借鉴意义	许肖琳	《陕西特色小镇示范模式研究》，《当代县域经济》2020年第2期
2020/2/15	体育特色小镇是特色的元素和组成部分，在建设过程中，要时刻把握好产业与城市之间的融合。对于特色小镇与产业进行不同区域所拥有的特色元素进行打造	体育特色小镇的建设绝大多数都将体育、旅游、文化等元素进行融合，所以在项目培育过程中，要以体育产业为中心，以线上方式为主要手段，促进传统模式与新兴产业进行多元的跨界合作	高斌	《体育特色培育路径探索与建设》，《吉林农业科技学院学报》2020年第29卷第1期
2020/2/15	旅游特色小镇是我国城镇化进程中的一种特色发展模式	旅游特色小镇的建设对社会发展，特别是对特色中国的和谐社会建设、新农村建设、扶贫、西部大开发等国家战略有着巨大的溢出效应	李聪媛、刘洋洋	《国内外旅游特色小镇研究综述》，《昆明理工大学学报》（社会科学版）2020年第20卷第1期

2016年，江苏省体育局制定相关文件，指出体育特色健康小镇是以体育健康为主体，涵盖休闲、文化、养老、宜居等多种特点的空间区域。体育特色小镇建设概念，由其最早具体提出。有学者对体育特色小镇进行了研究，将其视为既有相应的产业定位，又具有丰富的文化价值，同时包含着旅游特色和社区功能的发展平台。从这个意义上来讲，体育特色小镇的出现为大众日益增长的消费需求提供了新的出口方向。还有学者指出，体育特色小镇可以被当作大众的另一处"居所"，其位置通常处于城市周边，人们可以在体育特色小镇开展健身活动，同时还能借助小镇特色达到身心的放松和愉悦。相对于普通的旅游景区而言，体育特色小镇更能吸引顾客的目光。从外部环境的角度来说，体育特色小镇既具备旅游景区的休闲功能，还具备体育产业的凝聚功能，同时还是推进城镇现代化建设的重要环节。在充分发挥自然资源优势和文化产业的优势下，体育特色小镇实现了不同产业的跨界融合，推动了整个体育行业的高质量快速发展。

体育特色小镇是以体育为主题的小镇，是"体育+"引导下体育与特色小镇的有机结合。因此作者对它的定义是以体育为载体，融合文化、旅游、金融、养老等产业，满足群众休闲健身、养生养老、度假、观赛体验等需求，具有一定社区功能的产业、消费、人群聚集区。

二、体育特色小镇的特点

体育特色小镇由当前特色小镇建设与体育产业发展相碰撞而成，需与旅游、文化等产业协同发展，借鉴国内优秀体育小镇的案例得出体育特色小镇的以下特点。

1. 融入体育元素，以特色产业为核动力

体育特色小镇"特"在体育元素，包括体育产业、核心赛事、休闲旅游及健康项目。体育特色小镇以体育产业为核心，挖掘体育元素，依托当地特色并与旅游联动发展，形成以体育为载体的差异化的小镇。如海宁马拉松小镇突出以马拉松项目为核心，依托优美的周边环境拓展徒步、拓展、露营等项目，通过打造永久性的马拉松赛事带动休闲旅游的发展，并形成以体育经济链引领区域经济的格局；德清莫干山"裸心"体育小镇，依托体育产业发展体育与旅游，小镇内有70多家体育企业，其经营范围以体育健身、体育场馆服务及体育用品制造与销售为主，体育产业的集群化使其实现了百亿元的销售业绩，体育旅游人次仅在

2016年上半年就达到176万，该模式是产业和旅游有机结合的典范。

2. 借助宜居环境，发展重复体验式旅游

体育特色小镇是环境优美的旅游胜地，是人们闲暇放松的良好场所，能够参与体育运动、感受悠闲自在的慢节奏并静心享受，以至于流连忘返，通过高品质的资源让游客获得满足、产生依赖，进而形成重复消费。如嵩皇体育小镇、海宁马拉松小镇、九龙山航空运动小镇都是以景区优质的自然资源为依托发展体育产业。其中嵩皇体育小镇位于嵩山三皇寨风景区，借助"武术之乡"和少林寺的影响力发展体育产业促成多元化发展方向。

3. 弘扬健康理念，讲求小巧精致的规模

体育特色小镇不同于特色小镇，它的建设单位可以是度假区、经济产业带等，一般面积较小，浙江省特色小镇的规划面积均为3平方公里，体育特色小镇的规模讲求小而精，形成常住人口和旅游人口相结合的新型城镇式社区，并紧密结合全民健康的理念，把运动休闲、健康作为发展方向之一，满足身体运动的需要，缓解压力、释放情绪的需求并能陶冶情操、感受传统文化。

4. 满足多元需求，提供完善的服务保障

以体育产业为核心的体育特色小镇是体育产业与旅游产业的互补与创新，完善的服务保障是小镇具有的基本特点。首先多功能的场地场馆、器材设备是必备条件，还要从度假角度考虑日常的生活所需、休闲娱乐项目、安全保障以及健康的阳光、空气、水等配套设施的完善，使游客能全身心投入，尽情享受小镇特有的服务。

第三章 中国体育特色小镇发展理论基础

目前,我国特色体育小镇建设发展仍处于起步和探索阶段,还未形成理论发展体系,相比之下,其他国家体育特色小镇相关理论发展已逐渐趋于成熟,既有理论体系的支撑,也有实践经验的验证。20世纪30年代,德国城市地理学家克里斯泰勒(W. Christaller)创立了中心地理论,揭示了城镇数量、规模及其分布规律,对城镇规划和建设具有重要指导意义。20世纪50年代,法国经济学家佩鲁(Francois Perroux)创立了增长极理论,认为经济增长具有计划效应和扩散效应。随着研究的深化,空间生态学逐渐形成,为体育特色小镇建设和发展指明了方向。借鉴其他学科的理论体系,通过跨界融合、学科交叉效应,多层次、多角度地阐释中国体育特色小镇发展的驱动力,探寻中国特色体育小镇发展路径,构建中国体育特色小镇理论体系。

第一节 推拉理论

科学技术是第一生产力,科技发展推动经济进步,体育特色小镇的发展也离不开其特有的驱动力。推拉理论最初用于人口迁移研究,它认为,人口迁移的动力由迁出地的推力(排斥力)与迁入地的拉力(吸引力)共同构成。随着理论与现实的不断结合,推拉理论应用在各个方面,通过分析推和拉的影响因素来改善现有困境。通过推拉理论,可以找出体育特色小镇发展的影响因素,促进现有小镇更好的发展。

19世纪末莱温斯坦(Ravenstein)在对移动人口研究中的观点被认为是推拉理论(Push-Pull theory)的渊源。英国学者格拉汉姆 M.S. 戴恩(Glaham. M. S. Dann)首先将推拉理论运用到旅游学的研究中,并提出"推-拉"动力模型(Dann,1981),认为旅游"推"的因素是内在的,是由于内部的不平衡或紧张而引起的动机需求,"拉"的因素与目的地的吸引物的属性特征有关,取决于旅游者对目的地的认识。此后,美国学者对"推-拉"给出了明确的定义,即推力是存在于旅游者内心的一种倾向性,对旅游的内在需求,为了摆脱现实而选择的到旅游地的一种作用力;拉力是目的地的各种吸引物对他的吸引而产生的作用力。

推拉理论在体育特色小镇的动力因素中相对应的就是需求与供给的矛盾(图3-1),矛盾存在于一切事物过程中,是推动事物发展的动力,低一级的矛盾满足后会向高级别发展。人们闲暇时间的增多、经济能力的增强、对旅游度假的内在需求以及对运动休闲的喜好等因素是走出去的推动力,是现阶段一部分人的需求,体育小镇的供给要能够满足这部分人的需要并通过自己特有的吸引力,拉动他们走进小镇中去休闲、消费,这是体育小镇发展要解决的供需矛盾,要密切关注需求端的因素,从供给端入手来解决矛盾,从而推动小镇的发展。人们不断增长的需求推动着供给的不断完善,进而追逐更高级次矛盾的统一,使体育特色小镇从需求与供给的不断完善中向更高端的服务发展。

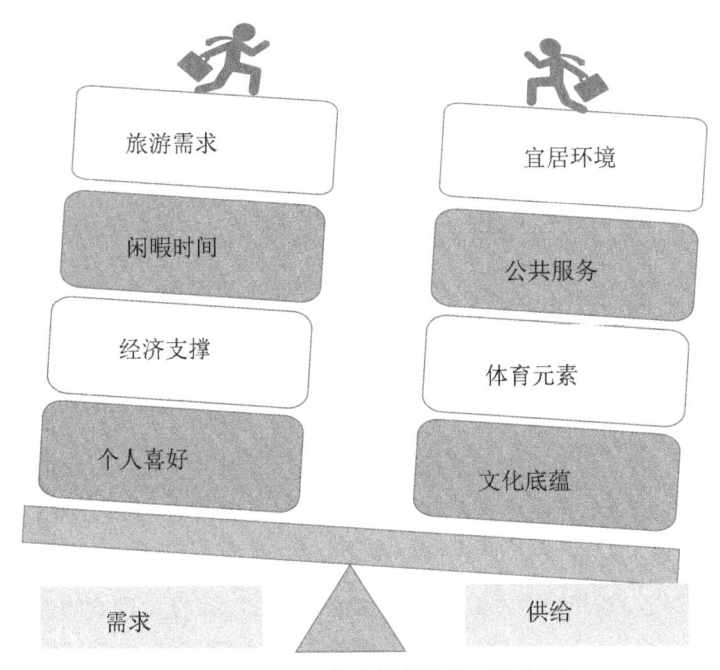

图 3-1 体育特色小镇的推拉理论应用

第二节 周期理论

周期理论是20世纪40年代提出的重要经济理论，它认为周期是无处不在的，而且周期性波动的经济意义十分明显，市场中存在各种周期现象，掌握了这些周期规律，就能预测出市场的走势。运用周期理论，研究体育特色小镇周期发展规律，扬长避短，促进中国特色体育小镇可持续发展。

目前公认的旅游地生命周期理论由巴特勒（Bulter）在1980年提出，任何一个事物发展都要经历一个由兴起到衰落的过程，巴特勒把旅游地的生命周期分为了六个阶段，即探索、起步、发展、稳固、停滞、衰落或复苏六个阶段（图3-2），为旅游理论的研究做出了贡献，被广泛地接受和应用。体育特色小镇作为具有旅游元素的产品，旅游地的生命周期理论对其建设和发展具有宏观的指导意义，是旅游理论的多元化应用，对指导体育特色小镇建设使其向着健康的方向发展具有重要的实践意义。

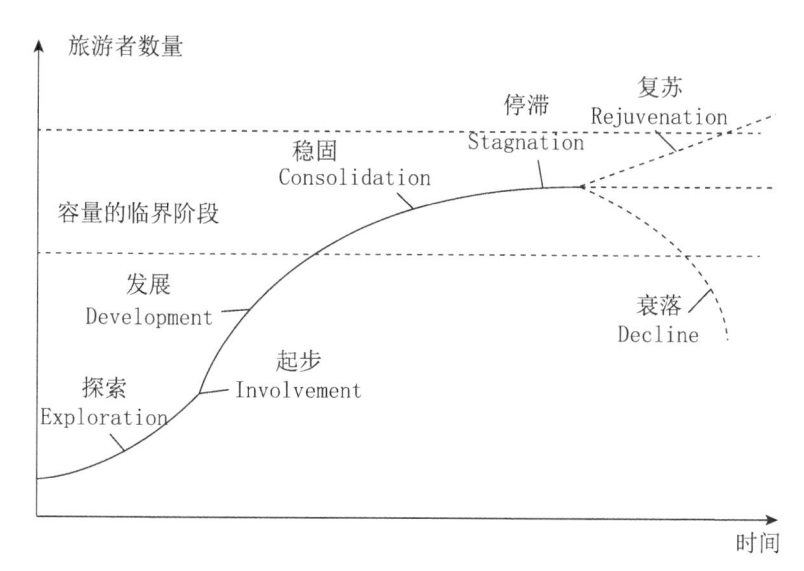

图 3-2 巴特勒旅游地生命周期模型

理论上一个新的旅游地的产生都是由需求的强大力量刺激的，实际的或者潜在的需求都具有极大的诱惑力。然而在开发后，相应的需求可能达不到最初的设想，这可能是对需求的最初评估的偏差，或者出现了新的竞争者，或者是需求的短时间转移和消失。这种情况下最坏结果就是旅游地的迅速灭亡,这是盲目开发旅游地带来的恶果,需求不足仿佛是幼年的营养不良,使项目还没有经历发展和巩固阶段就很快衰亡。根据旅游地生命周期理论的阶段划分,体育特色小镇现处于探查和参与阶段,随着政策的出台和关注的增加,各地都在积极的筹备和审建。根据理论可知体育小镇的建设要在充分调研基础上进行,首先要有一定的消费人群,避免盲目跟风,在国家、地方的支持和高关注度的前提下结合实际情况建设,为其能够稳步的发展奠定基础。

旅游地生命周期理论作为一种理论模型,是对旅游地整个生命周期的一般概括,具有普遍性,但在具体应用时不具有针对性,在规划和建设体育特色小镇的过程中运用此理论给管理者提供一个审视全局的视角,每个体育特色小镇的发展也必然要经历这六个阶段。没有哪一个旅游地能够同时满足几代人的需求,经营者要想长期存活下去,就要研究其所处的生命阶段并抓住主要问题进行创新,始终存有特色,在每一个关键时刻紧紧跟随需求者的步伐做出精准调控,尽量延长发展和稳固阶段,推后衰落阶段的到来以延长其生命周期。

第三节　共生理论

"共生"一词来源于生物学,指不同属种的动植物之间互相利用各自的特性和优势共同生存的现象。共生理论是关于物种的有机体之间的自然联系的理论,随着科技的发展和人类对自然的进一步认识,透过生物共生现象,共生理论在人与自然的关系问题上得到应用,人们认识到共生是人类之间、自然之间及人与自然之间形成的一种相互依存、和谐、统一的命运关系。

共生理论最早由德国生物学家德贝里(Anton de Bary)用于研究物种间的关系。任何事物之间都是相互联系、相互依存的,20世纪共生理论被逐渐用于经济学和社会学领域。从哲学的意义上来解释"共生",所表达的主要是互利、共赢的思想,用共生哲学理念来解释当今体育特色小镇的热潮具有重要的现实意义。

随着经济环境的复杂化,产业间的融合发展日益明显,产业的相互渗透开拓了横跨几个领域边界的新蓝海,体育特色小镇是共生理论的现实运用,是共生理论下集合了体育产业、旅游产业和房地产业的创新形态。体育小镇的发展研究有必要联系共生理论,促使体育小镇各要素在融合、协调、集成过程中达到共生。

第四节 创新理论

创新能使一个新兴事物迅速兴起并被广泛关注。在国家政策的支持下，兴起了体育特色小镇的建设热潮，在潜在利润的驱使下相关产业积极地响应。对旅游、度假区而言，千篇一律、毫无新意的批量制造只会造成资源的浪费和生态的破坏，在这种形势下，如何打造出特色鲜明、时尚创新、极具竞争力的体育特色小镇，需要用创新的意识、创新的机制来综合分析，需通过挖掘内在的资源形成稳固的核心竞争力。

创新理论起源于拉丁语，原意有三层含义：更新；创造新的东西；改变。创新就是利用已存在的自然资源创造新事物的一种手段。美籍奥地利经济学家熊彼特所阐述的创新理论为体育特色小镇的创新发展提供了一些应用思路，从产品、方法、市场、形式等构建体育特色小镇，只有通过不断地创新才能打造"特色"，才能促进体育小镇可持续发展。

体育特色小镇的发展一方面需要在传统产业资源的基础上融入体育元素，并以其为吸引核，结合旅游、度假元素，阶段性的注入创新元素保持持续、稳固的吸引力，用创新推动小镇的健康成长；另一方面利用现代高度发达的技术、信息探索新兴产业，使传统产业的基础上保持创新发展，满足人们追求时尚、现代、参与的需求，使小镇时刻保持勃勃生机，吸引人们循环消费。

由上可知，体育特色小镇建设在我国刚刚起步，还无系统形成对其驱动机制理论的研究，通过论述来阐明体育特色小镇建设发展的理论依据，以期对驱动机制进行更全面的理解。推拉理论从需求与供给的角度说明了推动体育小镇发展的基本动力；旅游地生命周期理论以一个旅游产品的生命周期为体育特色小镇提供参考，研究怎样抓住不同阶段的主要问题进行宏观调控，阶段性的给予需要的动力支持，延长生命周期；共生理论也是促进体育小镇发展的动力因素，基于不同产业之间的协调、融合、共荣的目的，促使体育特色小镇在各产业跨界融合共生中健康发展；创新理论是体育特色小镇发展的重要推动力，是推动体育小镇持续保持活力的法宝。

第五节 驱动理论

C. 赫尔认为机体的需要产生驱力,驱力迫使机体活动,但引起哪种活动或反应,要依环境中的对象来决定。只要驱力状态存在,外部的适当刺激就会引起一定的反应,而动机是驱使人从事各种活动的内部原因,外部动机指的是个体在外界的要求或压力的作用下所产生的动机,内部动机则是指由个体的内在需要所引起的动机。驱动理论对于研究体育特色小镇为什么发展、如何发展、发展什么有十分重要的借鉴作用,对研究消费者(游客)心理也有指导意义。

研究体育特色小镇发展的驱动因素需要运用系统论的观点进行全面分析,最早把系统论观点运用到旅游系统的是英国学者鲍德·博拉(Band Bovy),Leiter在1990年提出了旅游的驱动系统由"需求+吸引物+信息"构成,侧重了从需求方面的推动力;体育特色小镇是旅游的一种特殊形式,因此本课题首先要分析旅游发展的驱动理论,由表3-1分析可知,文冬妮把驱动因素概括为内在驱动和外在驱动,内在驱动是根本原因,外在驱动起积极的促进作用;文斌把动力系统分成资源驱动力、产业驱动力和组织调控力,把供给的驱动机制看成包括动力、传输、形成和反馈的一个循环系统;彭华把驱动机制概括成四大系统,其后的驱动理论都在此基础上进行了延伸和发展;王旭科依据动车理论和船舶理论把驱动机制归纳为六大系统,表中可知旅游发展的驱动理论必然包括供给(拉力)、需求(推力)、支持(保障)、中介(媒介)四大因素,也是我们研究体育特色小镇发展的驱动机制需要重点考虑的因素。

表3-1 我国学者对驱动理论的研究

作者	题目	驱动理论	文献出处
文冬妮,杨主泉	旅游开发与非物质文化遗产保护协同发展的驱动因素	内在驱动:旅游市场需求、区域经济发展、遗产资源条件、遗产保护需要 外在驱动:外来文化冲击、产业转型升级、政府重视支持、科技进步创新	广西民族师范学院学报
文斌,张小雷等	欠发达地区旅游公共服务供给演化及驱动机制探讨	动力系统结构:资源驱动力、产业驱动力、组织调控力 供给驱动机制:动力、传输、形成、反馈	干旱区地理

续表

作者	题　目	驱动理论	文献出处
彭华	旅游发展驱动机制及动力模型探析	需求、中介、引力、支持四大系统	旅游学刊
王旭科	城市旅游发展动力机制的理论与实证研究	需求、引力、决策、媒介、保障、反应六大系统	天津大学
陈炜	民族地区传统体育文化与旅游产业融合发展的驱动机制研究	推力、拉力、支持、中介四大系统	广西社会科学
潘顺安	中国乡村旅游驱动机制与开发模式研究	需求、供给、支持、媒介四大系统	东北师范大学

第六节　满意度理论

菲利普·科特勒认为，满意是指一个人通过对产品的可感知的效果与其期望值相比较以后，所形成的愉悦或失望的感觉状态。顾客满意是指顾客在消费了特定的商品或服务后所感受到的满足程度的一种心理感受，这种心理感受不仅关乎商品或服务本身的状况，也与顾客的自身情况息息相关。满意度理论为体育特色小镇的服务产品、管理体系等方面建设提供了启示，小镇建设不仅需要关注自身硬件设施的升级，还需关注游客的内心感受。

一、顾客满意度理论

顾客满意度理论是指顾客对消费产品满意程度的衡量指标，1965年，美国的加多佐（Gardozo）在"顾客的犹如、期望和满意的实验研究"对顾客满意度理论进行了论述，他认为，提高顾客的满意度，会提升顾客再购买此产品的可能性，而不会转移其他产品。1980年，理查德·奥利弗（Richard L. Oliver）提出的以顾客期待与实际感知为主要研究内容的"期望不一致"模型理论；罗伯特·伍德拉夫（Robert B. Woodruff）、欧内斯特·卡多（Ernest R. Cadotte）、罗杰·詹金斯（Roger L. Jenkins）提出的以顾客消费经历为研究内容的"顾客消费经历比较模型"和罗伯特·韦斯特布鲁克（Robert Westbrook）与迈克尔·雷利（Michael D. Reilly）提出以顾客需求满足程度为主要研究内容的"顾客需要满意程度模型"[1]。其中,认可度最高的是理查德·奥利弗(Richard L. Oliver)提出的"期望不一致"模型理论[2]。一般认为,顾客满意度包括顾客期待、质量感知和价值感知和忠诚度四个测量维度[3]。

顾客满意度理论重点经历了以下几个发展阶段。①消费心理学研究阶段:该阶段通过一系列的心理实验研究,验证了顾客的心理期待与实际感知之间的相关性。②实用经济学研究阶段:该阶段以经济市场为主要研究目标,进行了相关经济模型的研究。③现代管理学研究阶段:该阶段的研究融合了现代管理学思想,并参与了各类企业管理评测。④宏观市场的分析阶段:该阶段的研究内容更加具体化,并渗透到了市场的不同层次,其评价指标也愈加丰实。21世纪顾客满意度理论已经成为每一个企业管理的核心理念。

二、期望差异理论

期望差异理论是顾客满意形成过程的主要模型。1980年,市场营销学者奥立佛(Oliver)针对顾客满意的形成过程提出了期望差异理论,其描述的是实际观测结果(P)与理论期望结果(E)拟合程度的数值度量。期望差异理论最早是用来调查零售服务业中消费者的满意程度,当实际观测结果(P)高于期望(E)时,消费者会对消费产品或服务感到满意;当实际观测结果(P)低于期望(E)时,消费者将会对消费产品或服务感到失望;当实际观测结果(P)等于期望(E)时,消费者可能对消费产品或服务无太大感受[4]。之后,丘吉尔(Churchill)对顾客满意的形成过程做了进一步的扩展研究,他提出,顾客对所购买的产品或服务满意的前提是其本身的感知绩效[5]。顾客满意是顾客对所购买产品或服务的消费体验而产出的主观感知、评价与心理反应。客户对产品或服务的满意度除了顾客期望以外,感知绩效也影响着期望差异[6]。

---

[1] 范秀成,杜建刚. 服务质量五维度对服务满意及服务忠诚的影响——基于转型期间中国服务业的一项实证研究 [J]. 管理世界, 2006 (6): 111-118, 173.
[2] 汪纯孝,岑成德,王卫东,等. 顾客满意程度模型研究 [J]. 中山大学学报, 1999, 39 (5).
[3] 张橘. 顾客满意度理论辨析 [D]. 福州:闽江学院, 2014.
[4] 张妮莉,赵静. 基于期望差异理论的医患信任危机研究 [J]. 中国医学伦理学, 2014, 27 (3): 391-393.
[5] 邓之宏,钟利红,秦军昌. 中国C2C市场电子服务质量、信任对顾客忠诚的影响——基于期望差异理论 [J]. 信息系统学报, 2012, 41-61.
[6] 苏如世. CRM对伊朗航空公司市场营销的影响 [D]. 北京:首都经济贸易大学, 2011.

三、顾客让渡价值理论

顾客让渡价值理论（Customer Delivered Value Theory）是营销学中的重要理论，最早出现在由菲利普·科特勒（Philip Kotler）撰写的《营销管理》中。它包括顾客感知价值、整体顾客价值和忠诚度三个维度。该理论包括通过分析潜在顾客的期望值与感知价值来判断顾客的满意度。顾客让渡价值指的是顾客购买总价值与购买总成本之间的额度差，是指顾客实际感受得到的价值。其中，顾客购买总价值是指顾客在购买某一产品或服务时所期望从中得到的全部利益，这些利益包括产品本身价值、服务价值、形象价值等；顾客购买总成本是指顾客购买某一产品或服务时所消费的时间成本、精神成本、体力成本以及货币成本[1]。顾客的满意度是由顾客让渡价值大小决定的，顾客在选购某一产品或服务时，主要比较产品或服务的价值与成本，判断哪些产品价值最高、成本最低，即选择"顾客让渡价值"最大的产品或服务，这也直接影响了顾客对产品或服务的满意度及再购买的可能性。顾客让渡价值是市场营销活动的核心，它除了体现在顾客满意度和忠诚度上，还体现在企业为了达到顾客满意，实现营销目标，从而实现利益的最大化[2]。

---

[1] 江航. 湖南交通频道基于客户让渡价值创造的营销战略研究[D]. 长沙：湖南大学，2008.
[2] 郑佳丽. 基于顾客让渡价值理论的篮球3×3黄金联赛参赛者满意度研究[D]. 武汉：武汉体育学院，2019.

第四章　中国体育特色小镇功能定位与建设原则

体育特色小镇是时代发展的产物，是旅游产业的衍生物，它既不是具有传统居住意义的特色小镇，也不是国家传统意义上的行政区域，而是一个以某种新兴产业或历史传统产业为基础且具有独立空间、功能"聚而合"，具有体育特色产业导向和特定的文化景观，集旅游观赏、生活休闲和产业服务功能于一体的新兴产业空间聚集体。从独特的社会、经济功能定位看，体育特色小镇将成为未来体育产业重要的发展形态。因此，有必要对体育特色小镇的功能定位进行准确判断和研究，可为体育特色小镇建设提供必要的理论支持和准确的开发方向。

第一节　体育特色小镇功能定位

体育特色小镇是体育产业供给侧改革的创新实践，是体育领域跨界融合的新模式，发展中国体育特色小镇有助于体育产业升级、助推健康中国战略建设。体育特色小镇建设开发要找准其功能定位，明确其产业发展方向、融合多元产业因素、整合综合产业空间，调配各种驱动因素，将体育特色小镇优势发挥到最佳水平。

体育特色小镇并不是传统意义上的小镇，也不是传统意义上的城市，而是以某种新兴产业或经典历史文化产业为基础的新区域。虽然学术界没有体育特色小镇的统一概念，也没有将体育特色小镇确切归于某一属性，但是其衍生于新时代的背景和功能下，就已阐明体育特色小镇是随着时代的不断发展而衍生出的在空间上相对独立的、具有特色产业导向的文化景观。具体来说，体育特色小镇是集休闲康养、观光旅游和产业服务等功能于一体的多功能集合体，其汇聚了大量相关人员、机构和产业，是一个将功能再聚焦、人才再集聚的新聚落，是"产城融合共生"新型城镇化的重要实践形式，是一种将产业运营方式、经济文化建设方式、政府服务方式等体制再创新的创业创新共同体。

体育特色小镇是我国明确公布特色小镇中的一种。特色小镇主要是集聚特色产业和新兴产业，集聚各类产业发展要素，是特定产业发展多元化的结果，体育特色小镇是其中的某一类型。体育特色小镇的建设主要突出体育特色产业，综合产业空间，发展产业优势。体育特色小镇是体育产业的发展要素，是特色小镇发展过程中新的衍生物，是特色小镇的重要组成部分，体育特色小镇的建设需要结合特色小镇的发展战略，在提升自身特色的同时加强运营管理，与特色小镇协同并进。

总体来说，特色小镇的建设从时间上可划分为两个时期，分别是特色小镇的定位期和创建期，是先与后的关系，在两个时期内特色小镇建设的落脚点各有侧重，既有区别也有统一。

特色小镇自身禀赋特色优势定位法，是产业指向的特色小镇定位的基础与前提。特色小镇为培育产业发展而进行的定位，首先必须是建立在特色小镇自身的资源禀赋之上，这种资源既包括自然资源，也包括人文资源。离开特色小镇自身资源禀赋而实施的定位是"空中楼阁"，没有根基。从产业指向来分析，"空降产业"下培育发展的产业，难以存活，也难以壮大。

"功能定位"基于小镇特色主题的更具体化，是小镇发展得以长远的目标愿景，目的是达到特色小镇功能叠加"聚而合"要求。在这一阶段，可考虑以规划小镇为对象，从"居民""建筑""环境""管理""产业""社区""文化""品牌"八个不同维度，采取"先分项、后整合"的方式，明确小镇具体化的目标定位，并提出与其相关功能建设的发展策略。

一、多层次横向定位

这是产业指向的特色小镇定位的延伸与拓展。如果产业指向的特色小镇定位一直是依赖自身资源的优异性，那么产城融合的结果必然得不到长期发展。因为，特色小镇要提高质量、长足发展，必然会对产业的更新迭代发展提出新的要求。这就决定了单纯依托于自身资源优异性而发展的产业是绝对满足不了这一要求的。

随着时代的发展和人们需求的不断变化，观光旅游向休闲度假游升级，旅游产品更新换代，持续增长的旅游需求、房地产需求、度假需求为旅游房地产的开发提供了广阔的发展空间，而中国旅游房地产作为新兴产业，有充足的市场空间和潜力。特色小镇的建设要基于自身资源和明确的市场定位，找到与之相匹配的市场类型。

精准市场类型后，就应该从市场同类项资源中进行大中小几个层次和范围的比较分析。根据自身项目资源优势，可选择在世界范围、全国范围还是省内范围甚至当地范围进行定位。只要项目在国内外同类资源产品中具有独特发展优势，就有足够的市场空间。

旅游小镇开发属于房地产和旅游的范畴，在全国范围内关注国家对于房地产以及旅游行业相关的政策将会加剧项目开发的程度和效果。其次每个省市也有自身的发展动向并施以一定权限的政策，密切关注省市关于旅游小镇的实施举措与优惠政策将有助于项目开发，最后关注地方方针政策也有利于土地指标的倾向和前期工作的顺利开展。

二、多需求纵向定位

特色小镇资源禀赋与各类发展需求相结合的定位法是指在选择场地时要充分考虑自然、人文环境的优势，以及资源整合后所形成的综合成效。通过对项目地自然人文环境的挖掘，充分发挥小镇自身优势，从而以此为切入点确定项目发展方向。

从最简化的角度，可以认为有这样三种产业划分：资源型产业、需求型产业、前瞻型产业。资源型产业可以细分为矿产资源型、人文资源型、旅游资源型等；需求型产业可以细分为娱乐需求型、餐饮需求型、服务需求型等；前瞻型产业可以细分为网络服务型、智力密集型、智能传感型等。因此，特色小镇必须是综合型的市场定位，既考虑资源又满足需求，既计划当下又规划将来，既追求经济又兼顾生态。这类产业指向的特色小镇定位才是科学合理的，才可能是可持续发展的。

特色小镇各有各的"特"。有以文化或生态资源为依托，打造以旅游功能为主的休闲度假型小镇；有基于已有优势产业，进行上下游延伸和多元复合，集创意研发、娱乐休闲为一体的特色小镇。

（一）正确定位，选择发展主题

特色小镇是在新型城镇化建设背景下提出来的，为顺应新城镇化的发展，特色小镇要结合自身优势进行定位，找准前进的方向。所谓定位期，即特色小镇审批之前的筹划期，是特色小镇筹划建设的起始阶段。特色主题是特色小镇冠以特色之名，并实现小镇产业定位"特而强"目标的根基，也是小镇规划首先要解决的问题。以浙江省为例，围绕健康、旅游、信息经济、金融、环保、时尚、高端装备七类万亿级的主导产业，以及茶叶、黄酒、丝绸、青瓷、中药、木雕、石雕、根雕、文房等历史经典产业（"7+1"产业体系）进行开发。从规划角度看，"特色主题"包含了两方面，一是大方向上主攻"7+1"产业体系门类；二是在大方向下，某个特色小镇所具有的独特性细分领域。

一般而言，要对某个特色小镇的产业主题进行确定，可以从小镇所在地、更大尺度范围的区域角度入手，立足"特色产业、资源禀赋、文化底蕴"这三个要素，梳理、提炼、总结小镇所特有的特征，再将其与"7+1"产业体系进行综合考量，并与所在地的国民经济社会发展规划和相关产业规划进行对接。

（二）发挥优势，制造镇域"特色"

"特色"是小镇的血液，流淌于小镇的每一构成部分。特色小镇的建设可以分为两部分：一是借助自身资源、交通、人文、政策等要素进行挖掘。例如，艺尚小镇位于长三角枢纽圆心，是沪杭、杭宁发展轴的交汇点，是杭州接轨上海的桥头堡，拥有得天独厚的区位优势及产业集聚发展优势，被打造成国际时尚人才集聚中心；龙泉市上垟镇充分发挥龙泉青瓷列入人类非物质文化遗产的影响力，利用这一经典产业定位成龙泉市青瓷小镇；嘉兴市秀洲区利用太阳能光伏产业"五位一体"创新综合试点这一契机，自主探索出可复制可推广的"秀洲模式"发展成如今的光伏小镇。二是积极打造"特色"，探索"特色"商机。对于"特色"不显著的小镇可通过模仿、创新进行"特色"制造。例如，通过模仿美国的"好时小镇"并进行自主创新，嘉善巧克力甜蜜小镇应运而生，致力于打造成休闲度假、文化创意和浪漫风情有机结合的甜蜜主题一站式体验小镇，形成国内著名的特色风情体验高地、婚庆蜜月度假胜地和文化创意产业基地；桐庐健康小镇以迪拜健康城为模本，培育并主打养老养生产业，制造了浙江的健康特色小镇；杭州富阳区硅谷小镇则学习美国硅谷的创新发展理念，锻造出特色智慧型产业。

（三）产业为根，培育主打产业

特色小镇以特色著称，各有各的"特色"。以文化或生态资源为依托打造以旅游功能为主的休闲度假型小镇，如天台山和合小镇；以和合文化为主题，打造集文化旅游和休闲功能为一体的特色小镇；有基于自身优势产业，进行上下游延伸和多元复合，强化产业特色，如以大唐袜业为依托的诸暨袜艺小镇，打造集袜艺体验旅游、展示博览、市场物流、创意研发、娱乐休闲为一体的特色小镇。

从古到今，镇之所以成为镇，在于"商贾所集"，即镇之别于乡村，在于其育繁荣市场和专营经济于内。因此，特色小镇的建设之路，必走产业融合之路，着力发展当地的优势产业，为特色小镇持续发展提供源源不断的动力，实现产业扩张和城镇化建设的双赢。

主打产业的培育，要围绕单个产业来打造完整的产业生态圈，以此培育具有行业竞争力的产业。比如，云栖小镇、梦想小镇都是信息经济特色小镇，但云栖小镇以发展大数据、云计算为主打，梦想小镇主攻"互联网创业＋风险投资"，这种主打成就了云栖小镇与梦想小镇的双赢。

(四) 各美其美，特色和而不同

政府相关文件明确规定"市级特色小镇要求按照 3A 级以上景区标准建设，旅游产业类特色小镇甚至达到 4A 级景区标准"。多数学者将特色小镇定位为精而美，这无可厚非，但特色小镇建设并不拘泥于单一美，而是美的集中。我们要正确把握特色小镇建设与美学意蕴的衔接，更要注重小镇在路径建构上带来美的体现与感受，因此，以美为出发点，让特色小镇建议主题由内而外释放美的内涵。

建设特色小镇时，在具体化的路径建构模式选择上，多数学者往往从既定的已有范畴出发对建设策略进行回答，而没有按照建设时序和资源特点进行精确划分和准确把握，造成多数小镇发展主题相似、发展特色同质、发展模式一致的现象。

这种不顾每个小镇的"特色"现实而进行同质化发展的做法，难有"特色"可言，只会刷蹭"特色"的热度效应，使一切趋于同质。"特色"的发展要以资源为基础，以文化贯穿其中，以产业为立本，一方面，要形成既有特色小镇发展共性，又能在特色小镇业界共享，还能特色小镇共用的理念或原则；另一方面，又要形成独具小镇本身资源特点和镇域物质文化的特色小镇主题，以小镇"个美"中的各美合力达成特色小镇共同的"和美"。

第二节　体育特色小镇建设原则

体育特色小镇的重要主题就是运动健康、休闲娱乐、产业服务，这种以体育项目为主体的小镇将文化艺术、体育旅游等行业相互融合，凝聚了健身修身、运动体验和文化展览功能，形成具有明确的产业定位和鲜明文化内涵的综合性空间，城镇一体化建设与体育产业的融合是体育特色小镇产生的根本原因。新时期的城镇化建设追求绿色、协调的可持续发展，因此体育特色小镇的建设首先要以保护生态环境为基本原则，在原有建设理念的基础上不断进行优化，打造出特色鲜明、环境优美的体育小镇。推动体育产业的升级和转型，会在一定程度上减小城市压力，对城乡资源分配起到一定的平衡作用。体育特色小镇是经济新常态下城镇化建设的一种创新型的呈现方式，在体育产业的不断发展下，为使国内的体育特色小镇进一步得到发展，政府相关部门必然需要作出一些改善，比如，交通等基础配套服务设施，社会各界对体育特色小镇也要投入更多的关注力度。分析研究体育特色小镇的发展现状，对推进我国新农村的建设具有重要的现实意义。

一、因地制宜、突出特色原则

首先要对体育小镇进行准确定位，关键是找准"特色"，"特色"是体育小镇的魅力和生命力所在，外部表现为独特的吸引力和竞争力，内在具有持续的发展性和成长性。作为以"产、城、人、文"为一体的多功能平台，"特"主要表现在：①生态环境"特"，体育小镇的开发需要依托现有的自然人文资源、优越的地理环境、得天独厚的自然资源、深厚的历史文化底蕴，具有独特生态环境的区位是开发的基础和首要条件；②产业形态"特"，体育产业是其具有独特竞争力的核心，开发与当地自然人文环境相匹配且独具一格的产业是开发的关键；③内在文化风格"特"，结合当地人文环境营造蕴含底蕴的文化风格，逐步形成特色景观、特色文化、特色空间与建筑等为一体的特色人文景观。

二、功能叠加、差异发展原则

体育小镇要紧抓"特"字，寻求差异化、多种功能叠加发展，避免千镇一面。这就要求依据当地自然、人文、产业特色，统筹规划，建设个性化、有特色的小镇，拒绝拿来主义、照搬照抄，突出地域、生态、产业、人文环境特色，并做到极致；即使主攻相同产业，也可以特色产业、文化、生态为基，提炼出不同的特色空间，通过差异化改造、不同功能的充分开发与叠加形成迥异的风格，把高端要素聚合实现小镇的"特色"窗口，通过对产业结构合理规划，对细分领域进行错位发展，形成基于长远发展的规划基石。

三、产业立镇、持续发展原则

可持续发展原则旨在抓住体育小镇发展的动态发展规律、结构模式，防止在"早出成绩"驱使下的"运动式"发展和"短期化"成效。因此，小镇的开发首先要紧抓产业特色，并结合产业发展规律、旅游地发展规律、需求市场和借鉴国外成功经验，在国家政府引导、政策鼓励、社会资源资助下，助推体育小镇拥有可持续发展的社会、市场、经济、政治环境。因此，应结合当地实际对体育小镇的发展规律进行深度、全面的分析与研究，增强体育小镇活力，推动其可持续发展。

四、品牌打造、内涵积淀原则

建设基于深厚历史人文底蕴的品牌体育小镇，是小镇开发的重要目标和原则，每一个体育特色小镇都应该是一个品牌，有着独特的发展模式、历史化的视角，拥有特定人文资本的经济和文化品牌。通过长期的规划与运营，以特定的体育产业为核心，在"产、城、人、文"一体化的打造过程中，逐步形成独有的文化形象，通过人文积淀使小镇的文化品牌和形象更有魅力。因此，在小镇的发展过程中，要系统管控发展过程中面临的各种问题，重视其历史文化的积淀，从多角度提升小镇的内涵，注重质量，在可持续发展原则指导下不断的积累，沉淀出有内涵又独特的小镇品牌。

五、市场主导、动态发展原则

特色小镇的开发要发挥市场的主导性及在资源配置中的决定作用，只有在产业方向的选择、产业机制的完善、资源的引导等方面充分体现市场的需求和规律，才能真正凸显出企业在运营过程中的主体地位；特色小镇的发展是一个渐进、自然的发展过程，因此，要尊重城市的发展规律，坚持动态发展原则，这就要求充分借鉴国际成功经验，围绕小镇的全生命周期研究其动态规律，综合分析多方面因素提升小镇活力，延长生命周期。

第五章　中国体育特色小镇的开发理念

乡村要振兴，必须要走城乡融合发展之路，必须实现产业振兴。体育特色小镇的开发是新时代我国体育发展的必然要求，党的十八大报告中提出"新型城镇化"建设方针，使新型城镇化成为推进国家治理现代化的重要任务，也成为实现高质量发展的重要着力点。《中华人民共和国国民经济和社会发展第十四个五年规划和2035年远景目标纲要》指出，"完善新型城镇化战略，提升城镇化发展质量"。体育特色小镇开发理念中包括低碳环保、绿色开发的生态理念，史脉清晰、内涵丰富的人文理念，异质创新、和而不同的特色理念，全域共生、聚集高效的融合理念，对口输出、精准扶贫的民生理念。准确定位体育特色小镇开发理念是有效推进城镇化建设的重要推手，是建设健康中国的重要路径，是优化体育产业供给侧结构改革的重要策略，也是传承地域体育文化特色的重要手段。

第一节　生态理念：低碳环保绿色开发

随着低碳时代的来临，低碳环保已经成为城市发展的核心议题。"生态旅游，不是产品是理念"。生态文明建设是关系民生福祉、关系中华民族永续发展的根本大计和长远之策，可持续发展一直是中国践行生态文明理念的前进道路，当前，绿色发展理念逐渐深入人心，城镇化逐渐从高速发展开始转向高质量提升，生态文明成为全社会自觉遵守的行动准则。在开发与建设体育特色小镇过程中，要尊重自然、顺应自然、保护自然，秉承人与自然和谐共生的建设理念。各级部门应以绿色理念引领体育特色小镇的发展，以生态振兴推动体育特色小镇现代化建设，倡领旅游者适从简约适度、绿色低碳的生活方式。

体育特色小镇的开发建设要在低碳领域的作用下，构建生态低碳的绿色特色小镇。体育特色小镇的建设要遵循事物的自然规律，并在此基础上加以利用开发。大多数的体育特色小镇为了吸引游客，大肆建造游乐设施，把娱乐性放在首位，破坏了本身的环境优势。习近平总书记在中共中央政治局第四十一次集体学习时指出，"生态环境问题，归根到底是资源过度开发、粗放利用、奢侈浪费造成的。资源开发利用既要支撑当代人过上幸福生活，也要为子孙后代留下生存根基。要树立节约集约循环利用的资源观，用最少的资源环境代价取得最大的经济社会效益"。

在建设小镇的过程中，要防止对原生态环境的破坏，不以牺牲现有生态环境的代价搞建设，不能盲目将原有土地破坏之后再进行各种景观建筑的建设，最大限度保存原始生态中地形、土壤、水表、植被等元素，以降低在建设体育特色小镇过程中的资源和能源消耗。在保护原始生态环境的前提下将人工元素与自然景观融合，使之相互配合、相得益彰。

一、地形设计

地形是小镇建立的基础，直接影响小镇其他因素的设置效果。小镇建设要尊重现有格局，不盲目拆除扩建。要与原有地形地貌有机结合，适应多变奇特的地形，选择较为便利的场地条件及建筑功能合理的位置，将现代化的建筑与自然格局融合，统筹景观风貌，协调建筑布局。在施工过程中，本着低碳环保、降低造价、尽量保护原有地形、减少对原有地形改造的原则，减少不必要的投入来降低碳排放，构建低碳小镇。根据小镇的地质、地形地貌及土地利用的特点，对小镇进行生态环境的评价与利用，建立生态保护区、控制区、引导区，以此改善体育特色小镇的能源结构，使用太阳能与天然气等低碳能源。

二、植被设计

植物是一个小镇必不可少的元素，具有观赏、环保的功能。植物的观赏效果决定了小镇的风景是否优美，选用乡土植物在增加地方特色的同时，植物的适应性强，存活率较高，有效地发挥了地方性和传统性的特点，避免了长途运输带来的碳排放。有效地运用当地特色植被，可以给人带来代入感，不会产生排外感。当然，适当的增加罕见植物能给人带来新鲜感，但是对于持续发展的小镇来说并不是长久之计。除了植被的选择，随着自然环境破坏程度，以及人们对自然环境保护意识的提高，在进行景观设计时，应尽量减少了对绿化和植被的破坏。近几年来，立体绿化的发展也运用到了小镇的建设当中，立体绿化是指除地面以外的所有三维空间的绿化方法，包括建筑墙面、阳台、栅栏、室内、围墙、屋顶、坡面与各种假山上的绿化。小镇的建设要遵循以人为本的原则，增加立体绿化空间，使小镇形成"绿色"发展。

三、水体设计

水是一个永恒的主题，具有降温增湿、改善城市气候的功能。水与植物相互作用能更好地发挥固碳功能。生态环境的保护需要多方位共同着手，建设小镇应提高水资源的利用率，减少水资源的浪费。第一，水污染的预防。由于施工或周围其他因素产生的废料，会导致邻近水资源的污染，会对自然环境和生活环境产生不利影响。所以在小镇的建设过程中，要尽量减少对水体的污染，实现可持续发展的状态稳定。第二，水污染的治理。在小镇建设治理体系，采用生物、物理、化学等方式治理，利用绿色技术和产品对已经污染的水源进行针对性措施，有效减少对自然环境的破坏。第三，水资源的合理利用。规划区域水资源格局，充分对水资源合理配置，减少在运输过程中的浪费，节约水资源。提升水资源战略环境管理，促进资源与生态环境的统一监管。

生态环境是人类赖以生存和发展的基础，也是实现可持续发展的重要条件，以生态发展促进生产和生活发展。生态产品的发展离不开自然资源支持，是经济社会发展的物质基础。"节约优先、保护优先、自然恢复为主"的原则是自然资源开发利用的前提和保障，要求绿水青山与金山银山共同发展。推进现代化建设可持续发展基本原则。

第二节 人文理念：史脉清晰内涵丰富

回顾我国数千年的发展历史不难发现，文化兴盛是一个国家文化自信的重要底气。体育特色小镇是人文载体，如今，城市发展更加时代化，乡村振兴更加现代化，保留传统底蕴文化的原真性是现代社会文明建设的根和魂。人文建设具有构建民族心理、塑造民族精神的作用，特色小镇蕴涵的文化底蕴可使人产生文化心理的自我认同感与超地域的文化归属感。历史文化是一座小镇强大的精神支撑，想要在众多小镇中绽放异彩，就需要展现自身的文化气质，以文化赋能小镇，让文化特色留住人心，让小镇形象深入人心。

在悠悠的历史长河中，先辈为我们留下了宝贵的财富，中华民族几千年的灿烂文化，是我们血脉之根，生命之魂。历史文化的遗留，承载着中华儿女的认同感与自豪感，成为历史文化的见证和象征。2005年国务院发布《关于加强文化遗产保护工作的通知》，文化遗产保护工作得到进一步落实。会议决定从2006年起，每年六月的第二个星期六为中国的"文化遗产日"。2013年，在全国宣传思想工作会议上习近平总书记强调："中华民族有5000多年的文明史，近代以前中国一直是世界强国之一。在几千年的历史流变中，中华民族从来不是一帆风顺的，遇到了无数艰难困苦，但我们都挺过来、走过来了，其中一个很重要的原因就是世世代代的中华儿女培育和发展了独具特色、博大精深的中华文化，为中华民族克服困难、生生不息提供了强大的精神支撑。"

特色小镇的建设，将历史深厚的积淀与传统文化的活力再现，以蓬勃的生机和崭新的姿态，实现美丽蝶变，拥抱新的时代。中华文明文化一脉相传，只有不忘本来的传统文化精髓、有选择地吸收外来文化，才能开辟新时代新未来。中华传统文化源远流长，博大精深，思想上有大智，伦理上有大善，艺术上有大美，尤其是在文化遗产熏陶下所形成的精神文化是无价之宝，只有扎扎实实地做好传统文化和传统技艺的保护与传承工作，将现代文明与文化遗产兼容并包才能谱写出崭新的篇章。

文化是特色小镇发展的灵魂，体育特色小镇发展要与地方文化结合，结合当地特色打好文化牌，让小镇真正"特"起来，以古朴的生态文化凸显出有浓厚人文气息的特色小镇。

名人名士：小镇的名片。名人名士是一个地方文化内涵的名片，是建设特色小镇文化标志的象征。每个地方都有独属于自身的文化，而名人则是加深人们认识与了解小镇文化的源动力，从物质和精神两个方面让游客感受到强烈的历史文化特征和文化价值。名人名士作为小镇几千几百年来一个区域的文化载体，具有独特的文化血脉、文化基因，内容丰富。它承载着特定的历史记忆，是渗透进小镇且不可磨灭的印痕。体育特色小镇的建设需要围绕着体育名人名士的光辉历史展开延伸、重组，对名人艺术时刻以及生活氛围进行再现与描绘，构建一个对名人文脉传承的特色小镇。用小镇名人的吸引力实现以人文资源推动小镇的可持续发展。

民风民俗：小镇的底蕴。民风民俗是小镇散发自身风韵的标志。历史变迁斗转星移，而民风民俗却传承了下来，见证了人来人往，见证了朝代更替。体育特色小镇的开发要根据小镇的民风民俗，保持原汁原味的风情，青石小路、粉墙黛瓦，每一处都可以品到古典诗意、古朴厚重，让充满内涵的小镇独具个性，让小镇的一砖一瓦、一巷一铺都散发着魅力。这些民风民俗都具有着极佳的观赏性，所以特色小镇可以利用这些特色的传统民俗文化进行产业化开发。民俗文化产业化是小镇的发展趋势，对于有着深厚民风民俗传统文化的小镇来说，合理开发历史文化积淀和丰富多样的文化资源，建立具有地域特色且互动性强的民俗体验项目，让游客乐此不疲地参与其中，可以更好地推动当地传统文化的发展。

每个小镇都有着独特的山水人文特色，千镇千面，能够让人感受到这种千姿百态的人文魅力，这就是体育特色小镇的灵魂所在。原生态的人文历史在体育特色小镇建设中不仅可以表现新的功能，而且可以形成新的体系，推动资源配置。

依托于小镇的自然和历史资源，深挖小镇的人文内涵，延续独特的历史文脉。以历史文化遗产为内源性竞争优势，建设可持续发展的特色小镇。

第三节 特色理念：异质创新和而不同

在国家大力推进乡村振兴战略的背景下和城乡融合高速发展的阶段，各式各样的"特色小镇"层出不穷，甚至会出现"遍地小镇，毫无特色"的现象。国家发展和改革委员会相关负责人指出，未来，国家对特色小镇将设立动态调整机制。体育特色小镇的建设，要紧扣当地体育产业特色，突出地域特色、资源特色与生态人文特色，积累经验，因地制宜，准确把握发展定位、聚力发展主导产业、开展改革探索试验。体育特色小镇应以其独特的产业、特色的文化、鲜明的特征区别于其他主题的特色小镇，在异质化和差异化发展方面做好文章，避免千镇一面，从而提高体育小镇自信的吸引力。

体育产业的巨大发展潜力使越来越多的小镇加入开发的队伍当中，掀起了一股建设体育特色小镇的热潮。体育特色小镇的建设要彰显优势，拒绝同质化，建设特色小镇的关键在于特色，而不只是基础设施建设。特色指的是特色产业，包括资源特色、生态特色、地域特色等，是地方独一无二且能形成一定规模的产业。体育特色小镇亦应如此，依托包括体育培训、竞赛等在内的体育产业，建设具有浓厚的体育文化氛围和符合全民健身要求的运动休闲特色小镇。体育特色小镇的建设，既可以指体育产业特色，也可以指地域优势特色、体育资源特色、生态特色、体育文化特色等。在特色小镇的建设中，产业特色居于核心地位。小镇的规划和建设，不能依葫芦画瓢，应该突出当地的特色。对自身的优势精准定位，能够有效提高小镇的吸引力和竞争力。

体育产业作为朝阳产业，发展前景十分广阔，与同样正在进步的特色小镇发展契机完美契合。体育特色小镇的建设既搭上了国家大力发展体育产业的顺风车，又积极响应了建设特色小镇和全民运动的政策。全民健身是建设体育强国的重要举措，种种优势汇合使体育特色小镇成为了特色小镇建设的重心。双管齐下，双政策护驾，既提高了体育特色小镇的竞争力，也扩大了体育特色小镇的影响力。

特色小镇的发展既可以推动地区经济发展，又可以提高当地就业率。但是，现在部分小镇在开发过程中把建设特色小镇的初衷扭曲，偏离了既定的轨道。若要将特色小镇的发展如预期一般，就必须要坚持创新的发展理念，紧紧抓住"特色"二字，把"特色"和"创新"这两个词贯穿特色小镇建设的全过程。

每个地区都有自己的特色，江南有水乡，东北有雪乡，四川有熊猫，福建有茶叶。要想突出特色，就必须先因地制宜确定符合小镇特色规划的发展主题。我国的体育产业与科技、文化、传媒、旅游、养老等行业日益融合，体育产业发展蒸蒸日上。在"健康中国，全民健身"的大背景下，以体育旅游为创新方向的产城融合，是中国体育特色小镇的发展路径之一。

体育特色小镇的建设要追求创新，创新包括模式创新和管理制度创新。模式创新是指在特色小镇的建立模式上要有所创新，"特色小镇+PPP"模式就是一个成功的案例。PPP模式是政府和社会资本合作，它是一种公共基础设施项目运作模式，提倡民营企业和民间资本与政府合作，不断加强公共基础设施建设。PPP模式通过整合资源可以有效解决特色小镇建设中的融资、投资回报率以及专业人才缺失的问题。公私合营模式具有利益共享、风险共担、全程合作的特点，最大的优点是投资方承担的风险小，因此，这种模式是政府的首选模式。另外，投资主体的多元化可以使政府与民间组织取长补短。通过PPP模式引入专业化的城市规划和运营机构，整合专业化人才、资金、外部资源的力量，充分调动社会资本和政府的积极性，发挥各自优势，促进特色小镇的发展。PPP模式的积极作用使它成为了特色小镇未来的主要发展模式。"特色小镇+PPP"模式是一种双赢、共赢的选择，有着良好的发展前景。

管理制度的创新需要一定基础和积累，当前大部分小镇都是当地政府部门与投资方共同策划的，经常存在规划不清、责任不明等问题。因此，政府应该提高思想认识，加强工作指导，保证过硬的管理制度与强大的资源整合能力，在体育特色小镇的建设中充分发挥作用。管理制度的创新首先要树立创新特色的理念，确保管理层人员管理制度理念正确，同时要立足特色小镇规划的基本特征，建立与小镇规划相适应的分类分层管理制度，再同市场上其他管理制度作对比，取长补短，不断完善管理制度。

第四节　融合理念：全域共生聚集高效

体育特色小镇是体育产业与其他领域相互融合、交叉发展的实践平台。体育特色小镇的产业发展要结合发展理念，协调体育产业与其他领域之间的关系，通过管理创新、组织创新、制度创新等实践路径，实现体育产业与其他领域之间的资源整合与产业融合。推进与加快体育特色小镇与交叉产业的融合发展，是拉动区域经济新发展的有力手段，体育特色小镇的开发应该注重与多种信息技术、重视培育相关产业的融合资源配置，因此合理整合边界资源规划、实现全域产业共生发展，是促进体育特色小镇良性发展的重要理念和前提。

一、融合优势资源配置

体育特色小镇建设应当从空间维度系统分析，从空间维度上要做到在一定的空间范围内，达到所有自然资源的综合开发利用的效益最佳。

区域上，特色小镇对城乡一体化发展具有促进作用，建设特色小镇将成为推进城乡一体化的突破口。由于产业集聚人口，农村实现城镇化，传统的产业园区，以区域内特色资源为基础，围绕资源、产业及产品优势而形成。存在着规划建设滞后和招商机制不活的问题，在这一形势下，创建特色小镇是供给侧结构性改革的有效尝试。培育特色小镇还应坚持推动小城镇发展与疏解大城市中心城区功能相结合、与特色产业相结合。特色小镇位于城市结合部，特殊的地理位置既能与城市的经济接洽，又能带动农村的发展。

产业上，体育特色小镇带动了体育产业的集聚，随着社会经济发展观念的转变，产业集群内容不断丰富，促进了特色小镇的演进与发展。体育产业集聚对体育特色小镇积极作用的表现在于：第一，体育产业的集聚使得生产和销售的规模扩大，产销量与之同步上升；第二，体育产业的集聚将会产生区域内的专业化分工，企业由"小而全"向"大而精"转变，每个企业都只负责某一环节；第三，体育产业的集聚大大降低了生产和交易的成本。产业集聚使体育小镇形成了完整的机制，与同类型产业相比具有一定优势，扩大了自身市场份额。

二、融合多种信息技术

信息化引领现代化的发展方向，把"互联网+"与体育特色小镇相结合，推进体育产业信息化的发展。最近几年，中国提高了信息化在人们生活中的地位，这在某种程度上也极大强调了信息化的重要战略地位。党的十八大明确提出要坚持不变地走"四化"道路。另外，体育特色小镇的信息化是利用信息化技术改造和进一步完善的过程，对于促进特色体育产业发展和推动特色小镇发展方式根本上转型具有极为重要的意义。

体育信息产业生产模式以及产业链条的规模化、集约化、现代化、市场化都需要靠信息技术来解决。信息化技术产业化发展受到市场垄断和技术封锁的制约，想要从发达国家获取核心技术和关键工艺较为困难。因此，需要促进体育产业与信息化发展的顶层设计，促进由政府、大学、体育科研院所以及体育相关企业共同建立体育信息化技术融合联盟，打造良好的体育信息化产业生态环境。通过体育产业聚集与拓展，在国内形成产业优势突出和相对集中地区，打造信息化技术、体育特色明确，产业链完整的体育产业聚集区，使体育产业模式与形式具有真正的特色，使体育小镇具有国际化竞争力。

若想增加信息化建设的投入，信息传媒设备的建设是不可或缺的，同时必须保证信息的传递速率和利用率，增加人力、财力、物力方面的投入，共享政府的资源，最大程度上优化资源的合理配置。现代信息化技术的高速发展，AR、VR及MR等信息化虚拟现实的应用更加广泛，投入到建设体育特色小镇中，让更多的人体验到体育的趣味性，让信息化从技术层面对体育特色小镇给予帮助。通过"互联网+体育"的模式对体育特色产业中生产线和市场监督指导，推进生产规模化、管理规范化、经营市场化，让体育的生产线更加的流畅。

第五节　民生理念：对口输出精准扶贫

党的十九届五中全会通过的《中共中央关于制定国民经济和社会发展第十四

个五年规划和二〇三五年远景目标的建议》提出"推进以人为核心的新型城镇化建设",并从单体更新、单体治理、单体协调发展等方面作出整体部署。近年来,多地政府充分发挥其地域与资源优势,积极加快体育特色小镇的建设,推动城镇县乡高质量的发展,加快建设体育特色小镇,使当地旅游业加速发展,镇域内居民在特色小镇建设中找到适合自身的岗位,使其可以在家门口就业。体育特色小镇的建设为稳就业保民生、推进脱贫攻坚工作贡献了极大力量。

特色小镇的建立,除了投资方与政府之外,还会吸引一部分的制造商与投资人以及商铺经营者。对小镇本身而言,商铺是基础的元素,投资人的加入为促进小镇的发展与建设提供了经济基础,而制造商的加入则丰富了小镇的多样性。对地区而言,特色小镇的建设能够带动各方面经济增长。特色小镇的磁性效应扩大了人流量,刺激了衣、食、住、行等方面的消费,促进了 GDP 的增长。在饮食上,当地的特色美食更能吸引外来消费者的消费欲望。近年来,新鲜感与满足感已经成了刺激消费的主要原因。由此,对于小镇特色优势的建设又提出了更高要求:在住宿方面,富有当地风俗气息的民宿是很多年轻人的首选,但同时普通旅馆酒店的客流量也会增加;在交通方面,人流量增加,交通工具的使用必然更加频繁,近几年各种出行 App 盛行,为游客提供便利的同时也刺激了消费。对政府而言,这些方面是特色小镇给地区经济发展带来的积极影响。因此,近几年,国家也将建设特色小镇加入扶贫项目中,为某些贫困地区提供了帮助。"特色小镇+扶贫"新路的开辟成为各贫困地区加快脱贫步伐的重要途径。

2018 年年末,国家体育总局下发《关于推动运动休闲特色小镇建设工作的通知》中提出,到 2020 年,在全国扶持建设一批运动休闲特色小镇,同时推动中西部贫困落后地区,增加就业岗位和贫困群众的收入,推进脱贫攻坚工作;推动运动休闲特色小镇在与旅游等相关产业融合发展、脱贫攻坚、禀赋资源有效利用等方面形成鲜明特色。

借助政策扶持,利用当地农业资源、人文资源、生态资源等优势,积极探索"特色小镇+扶贫"新路,推进了运动休闲业与乡村旅游等产业融合,加快脱贫步伐的同时也美化了生态环境。特色小镇的建设与精准扶贫对接,能够将精准扶贫定位在更高的经济发展层次。同时,对于特色区域资源的挖掘能够促进特色产业的发展,还有助于激发当地的市场活力,优化地方产业发展环境,将精准扶贫效益达到最大化。

第六章　中国体育特色小镇发展驱动机制

创新驱动发展是提高综合国力的战略支撑。消费和需求是体育特色小镇发展的基本驱动力，国家政策的密集出台和中央、地方政府的大力支持及大众的现实需求是推动体育特色小镇发展的动力来源。我国体育特色小镇正稳步发展，其中，驱动机制是体育特色小镇各运行因素的相互关系，是为了推动某一事物的运行发展而组织起来的一系列动力元素的集合，是一个系统化的集合体，系统内的动力元素即驱动因子。中国体育特色小镇的发展以动力模型为参考，构建驱动模式；驱动模式构建的动力系统又分为供给系统、需求系统、支持系统、中介系统；发挥不同作用的占主导与辅助作用的驱动因子构成动力系统。各种动力因子与体育小镇发展之间的内在联系，体育特色小镇发展驱动机制，为体育特色小镇的开发与建设提供运营模式与发展经验，四种动力系统是发展体育特色小镇的主要推动机制，它们相互作用、互相反馈，促进和保障体育特色小镇的健康发展。

体育特色小镇的动力应理解为推动小镇发展所需要的力。动力机制是指在体育小镇的发展过程中各种推动因素的相互作用与协调的过程，描述的是各种动力因子与体育小镇发展之间的内在联系。其中的动力是基础，机制是核心点，研究的是影响其产生与发展的动力作用与过程。体育特色小镇的动力机制是多种因子共同作用、相互协调配合的结果，因此要发挥各因子的整体配合达到最大效率，协调的动力机制是推动体育小镇发展的保障。

第一节　体育特色小镇发展驱动模式

驱动，是指通过施加外力，使物体运作。驱动模式则是不同作用力对物体产生的相互作用力构成的运作形式。体育特色小镇的发展需要外界各种因素与小镇内在因素相互联系、相互作用，构成一个庞大的动力发展系统。其中，包括需求系统、供给系统、支持系统和中介系统四大子系统。构建发展驱动模式，除了小镇自身发展外，可根据外界不同需求，来满足受众群体，继而产生自身发展的驱动力，形成自身运作路径，促进小镇自身发展。

一、驱动机制概念

驱动（Drive）原为与科技相关的术语，指的是依靠动力的带动或推动。强调的是通过外力使其动起来，有一种强迫的意味。机制（Mechanism）原用来说明机器的内部构造及工作原理等之间的关系，现多用以说明事物内在的一种工作关系，能够引起、制约、影响事物的发展和耦合程度。人类学辞典的解释为，在人的生理活动中，类似于机器运转的一种系统，起到某一特定的功能。因此，本课题对驱动机制的理解为：为了推动某一事物的运行发展而组织起来的一系列动力元素的集合，是一个系统化的集合体，系统内的动力元素即驱动因子。

消费和需求是体育特色小镇发展的基本驱动力。国务院第46号文件把发展体育产业、促进经济增长提升为国家战略，突出了体育的经济功能，随后的政策促进了体育产业与旅游产业的快速融合，提出2020年的体育旅游目标，这些目标与特色小镇的发展理念相互融合，把休闲运动与旅游、文化、健康、养生等元素结合碰撞出了探索体育特色小镇这一新的发展业态。通过浙江、江苏等地的带动，这一新业态迅速在各地投入规划建设之中，国家、地方政策为体育特色小镇的发展在供给方面提供了强大的动力支持。随着大众生活水平和文化素养的提高以及压力的增大、消费观念的变化，对旅游、度假、健身休闲的需求逐渐增强以及追求时尚的消费理念，需要一种全新的度假模式，在这种需求的强烈推动下，体育特色小镇所能提供的多功能一体化的强大服务，必将受到时尚一族的追捧。因此，国家政策的密集出台各级政府的大力支持和大众的现实需求是推动体育特色小镇发展的基本动力。

二、动力参考模型

动力可解释为推动物体运转或做功的力，如风力、水力、电力等。本课题的动力应理解为推动体育特色小镇发展所需要的力。动力机制是指在体育小镇的发展过程中各种推动因素的相互作用与协调的过程，描述的是各种动力因子与体育小镇发展之间的内在联系。其中的动力是基础，机制是核心点，研究的是影响其产生与发展的动力作用与过程。体育特色小镇的动力机制是多种因子共同作用、相互协调配合的结果，因此要发挥各因子的整体配合达到最大效率，协调的动力机制是推动体育小镇发展的保障。

动车组是城际间方便、舒适的高速人口运输工具，体育小镇的建设可以借鉴动车组以下理念：首先，体现了人与自然的和谐发展，动车组是节能、环保的动力机车；其次，是技术上的和谐，动车技术是从国外引进并根据本国特点进行了本国特色的改造，产业链涉及十几个省份的120多家企业，构成了人与人、企业与企业之间技术合作的和谐；最后，其动力分散模式通过动力的分散达到最大的速度，体现了一种内在的和谐，这些都是我们在建设体育特色小镇中需要参考的理念。

动车组的动力分散模式指一列动车分别由动力车和拖车组成，动力分散在不同的车组，使其具有较大的牵引力和制动力。以CHR3为例说明（图6-1），每列有8组车厢，动力配置为4节动车和4节拖车（T=无动力车，M=有动力车），动力车底部设有牵引电动机，这样把动力分散在了不同的车厢里，增加了运行的动力，最高时速可达350km。

1	2	3	4	5	6	7	8
M	T	M	T	T	M	T	M
牵引电动机	带受电弓	牵引电动机	带受电弓	带受电弓	牵引电动机	带受电弓	牵引电动机

图6-1 CHR3动车组动力配置

三、驱动模式构建

体育特色小镇驱动机制模式的研究主要分析其内部各个驱动因子的组成，以及运行中的作用过程和方式，用以指导实践过程。体育特色小镇的动力系统包括需求、供给、支持和中介四大子系统，需求子系统引导着系统运行，促使相应特色产品的产生和系统的正式运转；供给子系统通过物质和服务的提供，满足消费的需求；中介子系统连接了需求和供给，为需求方提供精准的信息和服务，引导消费；支持子系统在娱乐、生活等各方面提供保障。四个子系统是相互联系的整体，任何一个环节出现问题都会影响整个体育特色小镇的运行（图6-2）。

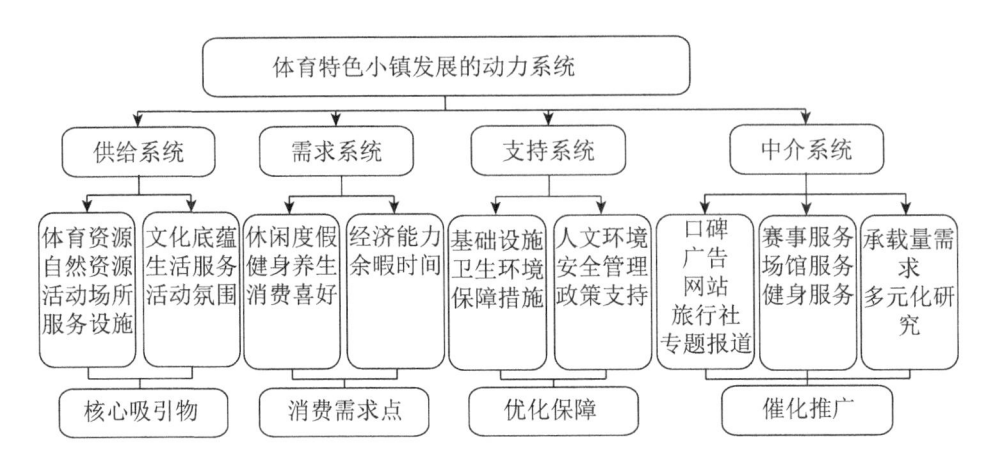

图 6-2 体育特色小镇发展的动力系统结构

第二节 体育特色小镇发展驱动因子构成

体育特色小镇本身是一个庞大的动力发展系统，不同动力系统内部又包含各式各样的驱动因子，且分散在不同的部门、机构中，需要在加强各自因子的牵引力的同时，实现相互间的配合与协调，各因素共同发力，才能调动小镇的整体驱动力和实现资源的最优化利用，达到大于单个动力简单算数和的整体效率。驱动因子是类似于大型机器的螺丝钉，是众多细微且重要的组成部分。消费者的主观反应、小镇的自身特色以及消费环境的优良等影响因素构成各种各样的驱动因子，各因子之间存在相联系、相统一、相对立的关系，并且各因子之间产生的化学反应在不断改善与相互协调之中推动着体育特色小镇的发展。

一、驱动因子构成

体育特色小镇发展的动力系统是小镇内部各因素相互配合、协调的过程，体育特色小镇现处于急剧升温阶段，其能否持续健康发展除了具有政策的支持和相关产业的积极参与的大环境外，需要有对小镇核心吸引物具有持续需求的人群和持续提供极具吸引力的核心产品的能力，以及能够突出展示小镇特色的中介的引导。各子系统之间存在着物质与能量的交流与协作，各因子之间存在着积极和消极的矛盾对立与统一的变化，在矛盾的不断出现与解决中推动着小镇的完善和发展。本课题所依据的四大系统分别代表了不同的利益主体，驱动因子分别从不同利益代表的发展动力为出发点进行构建（表6-1）。

表6-1 体育特色小镇发展驱动因子构成

动力系统	因子类别	驱动因子
供给系统	主导因子	极具吸引力的体育资源、活动场所、服务设施
	辅助因子	自然资源、文化底蕴、生活服务、多样的活动、舒适的氛围
需求系统	主导因子	经济能力、余暇时间
	辅助因子	休闲度假、健身养生、体验性消费、运动的爱好
支持系统	主导因子	借助小镇发展当地经济（政策支持、基础设施）
	辅助因子	城乡一体化发展、特色经济发展、提高人民生活水平（安全保障管理）
中介系统	主导因子	对市场前景的乐观把握（旅行社、广告、口碑、网站、专题报道）
	辅助因子	利益、发展空间（服务中心、供需研究）

供给系统从小镇的建设者、投资者的角度分析，要打造具有体育特色的小镇，因此其主导因子是体育资源及与体育相关的活动场地和服务设施，小镇内的环境资源、文化内涵、丰富的活动和慢节奏的生活氛围等因子成为辅助推动力。

需求系统从经济能力、时间、度假倾向性等因子考虑，起主导动力的是经济水平的提高和假期时间的增多，人们寻求缓解压力、放松身心的方式，休闲度假、健身养生和参与性活动成为推动需求的辅助因子。

支持系统的代表为国家、地方政府，当地政府响应建设特色小镇的国家政策，借助体育特色小镇发展当地经济，提升地区影响力是主导动力因子，其辅助因子为城乡一体化的趋势、发展本地经济、提高人民生活水平的经济目的。

中介系统的主要代表为旅行社，中介的参与最主要的动力因子在于对体育小镇发展前景的乐观把握。体育产业的巨大潜力和旅游业的升值空间，其融合的产品具有广阔市场发展潜力，由于是一新兴产业，各方面都在发展中及人们追求新鲜、追求时尚的动机驱使下这一产业必将具有无限发展的利润空间。

二、驱动因子作用模式

在体育小镇发展的驱动系统中，各驱动因子之间相互联系、互相依赖。要满足体育参与、体育观赏等不同需求，小镇就要在场馆的配套设施方面进行优化，小镇的住宿、餐饮、娱乐设施的建设以及周边自然、人文环境的开发与保护形成了人们参与到小镇中的基础支持力，使需求在物质条件方面得到满足，加上中介系统的推力使参与小镇中消费休闲成为可能。

在各需求因子的共同作用和引力因子的拉动下构成了推动进入小镇消费的动力，在需求转变为现实的过程中，政府的支持使小镇的设施更完备、更宜居，并使管理者和参与服务者对前景充满信心，服务更加人性化，形成良好的人文氛围，加之中介系统对服务产品的宣传和信息的交流促进了需求的转化。因此，支持系统和中介系统是促进需求转化不可缺少的动力。

在体育特色小镇发展所构成的动力系统中，系统内部各因子之间相互作用，使各因子产生持续的动力，共同促进体育小镇的发展，供给与需求的统一需要支持系统的支撑和中介系统对产品信息的流通。因此，本课题通过分析各驱动因子之间的作用状态，构建了驱动体育特色小镇发展的因子结构图（图6-3），以各系统的主导因子（中间层）出发，各因子互相促进，相互支撑，期望达到体育特色小镇健康发展（最里层）和各主体的利益实现（最外层）的目标，使体育特色小镇发展的动力系统能够发挥持续的效能。

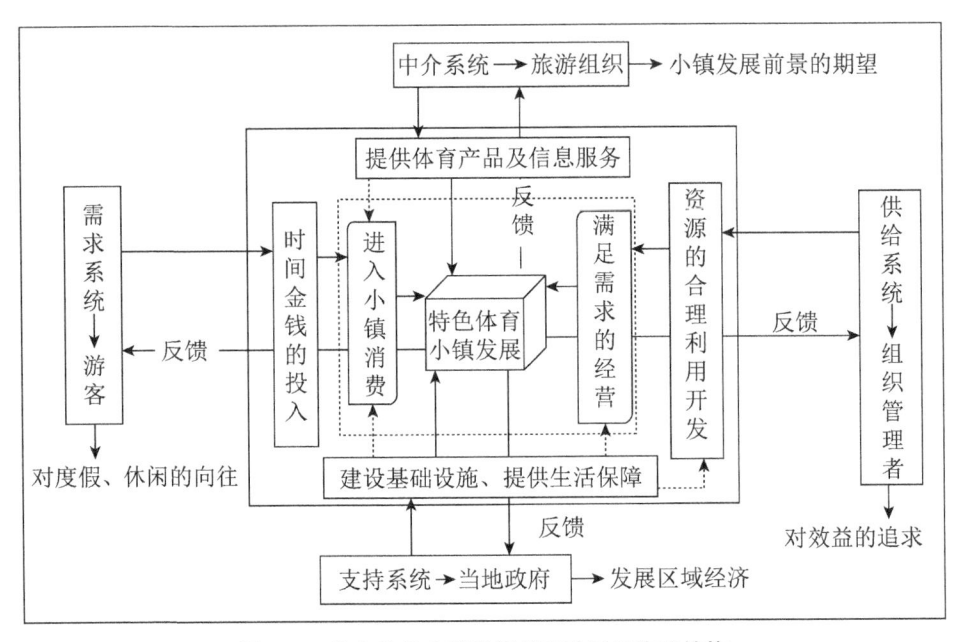

图6-3 体育特色小镇发展的驱动因子作用结构

第三节 体育特色小镇发展的驱动子系统

各种驱动因子之间相互联系、相互作用构成体育特色小镇发展的驱动子系统，系统内部各因子相互反馈产生驱动力，带动体育特色小镇的发展。驱动子系统是一个母系统衍生出若干子系统且不同子系统扮演不同角色和功能，通过分析各个驱动因子之间的作用状态，研究体育特色小镇的整个动力传导和运转系统，深入剖析其大小系统相互作用、相互促进的内部机制，发挥各组成部分的功能效率，可有效提升体育特色小镇和谐发展，实现体育特色小镇整个动力系统持续运作。

一、供给子系统

（一）体育资源是集群产业化的基础

体育特色小镇的核心吸引物集中在特色的体育资源，包括顶级国际、国内赛事的举办，将其与当地自然资源的特色体育项目及体育产业聚集区相结合。突出的体育特征是体育特色小镇发展的核心，首先要以某一体育资源为引爆点打造出特色，在此基础上依托自然、人文与旅游资源实现泛体育化发展，形成多元化的休闲、运动聚集场所。国外的体育小镇有着悠久的发展历史，形成了比较成熟的运营模式，分别选取国内、外不同类型的体育小镇的案例（表6-2），其共同的特点是通过单一的核心产业来打造特色，依据当地现有资源发展多元化的体育项目和产业形成聚集核，形成了满足人们多种体育需求的集健身、娱乐、度假、休闲为一体的特色体育综合体。如具有二百多年历史的法国沙木尼小镇（Chamonix）以阿尔卑斯登山运动为抓手，逐渐发展向导服务，并通过举办冬奥会等国际比赛提升知名度，发展冰雪项目，并带动体育的培训和高山攀岩、高山滑雪、高山自行车、溪降等多元化项目的发展。

（二）基础设施是旅居一体化的保障

具有主导作用的供给因子还包括完备的保障设施，是小镇建设和发展的有力支撑。体验性参与极易形成重复消费，旅居的时间相对较长，尤其以养生为目的的旅居，因此安全、舒适的环境是使消费者留下并重复消费的基础条件，是形成旅居一体化的保障，也是小镇持续发展的需要。如表 6-2 所示，沙木尼小镇形成了集向导、住宿、商业、医疗为一体的服务保障；我国的九龙山航空小镇设有多功能一体化的准五星级酒店、温泉度假区、休闲娱乐区等设施，保证健身的同时，舒适的住宿、餐饮、娱乐从供给上促进了体验的升级，提升了消费档次。

表 6-2　国内外体育特色小镇综合特征

小镇名称	类型	核心产业	辐射项目	配套设施	环境资源
法国沙木尼小镇	休闲型	高山户外运动	教育培训、多元化体育项目、国际赛事	向导服务、住宿服务、商业服务、医疗服务	阿尔卑斯珠峰勃朗峰
意大利蒙特贝卢纳镇	产业型	运动鞋生产基地	研发、设计、款式分析、配件生产、模具制作	商业协会、中介媒体、营销、配送产城一体化结构	位于畜牧业中心，靠近佛罗伦萨
新西兰皇后镇	休闲型	探险户外运动	滑雪、蹦极、跳伞、骑行、登山、峡谷秋千、漂流、垂钓、高尔夫	全国最豪华的酒店设施、世界级高尔夫球场、著名的葡萄酒产区	世界顶级度假胜地地理景观多变，地势险峻美丽
平湖九龙山航空运动小镇	养生型	航空运动	航空运动体验、赛马、马球、赛车体验、养生养老基地、国际赛事	整体开发，使基础设施、配套服务设施统筹规划、协调开发、共享共用	省级度假区内
安宁温泉国际网球小镇	观赛型	网球国际赛事	青少年训练、大众网球推广	集休闲、度假、会议、训练接待等为一体的准五星级酒店 企业会所 温泉度假区 滨河休闲娱乐区	温泉养生、红土场地

（三）独特创意是产镇融合化的动力

江苏省对特色小镇的建设要求是 3A 级景区以上标准，发展旅游业要达到 5A 级景区标准。我们打造的体育特色小镇是度假、休闲的天堂，需依托天然的资源和深厚的文化，为供给子系统的辅助因子。我国的小镇建设大都依托景区或度假区独特的资源，如海宁马拉松小镇结合钱塘观潮景区铺设了一条绿色道路，运动的同时感受美景，连同景区内丰富的古镇文化、蚕丝文化等一起促进了小镇的知名度和发展；新西兰皇后镇依托其险峻的地形和优美的环境被誉为顶级度假胜地。

体育小镇提供的是一种以体育为主题的自然与人文和谐的服务，人们要享受居住地所不能提供的别样生活，彻底的放松身心，体育小镇可以提供丰富的民俗活动、休闲娱乐场所来营造浓厚的生活氛围，如举办民族民间体育活动赛龙舟和民族舞蹈等，感受当地的民族文化特色。

（四）体育特色小镇供给子系统关系

体育特色小镇发展的供给子系统以体育资源的聚集为核心，多元化的体育项目、完善的基础设施、自然人文条件和多样化的活动辅助核心成为引力系统，为体育小镇在供给端提供资源和设施的保障，形成休闲聚集区，满足多方面的需求（图6-4）。

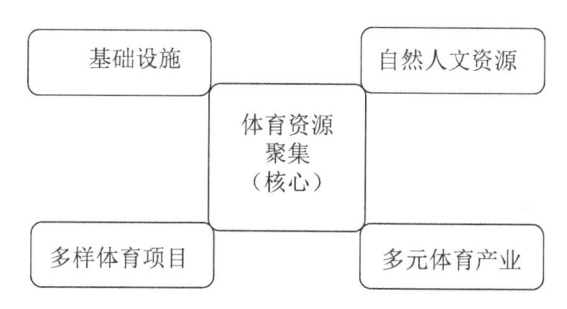

图6-4 体育特色小镇发展的供给子系统关系

二、需求子系统

（一）闲暇时间的增多和经济能力的增强促进了旅游消费的持续上升

随着生活水平的提高及带薪休假制度的实行，人们的消费观念潜在地发生了转型升级，在满足了最基本的生理和安全的需求后，转向了更高级别的需求。加之释放工作压力和放松身心的需要，旅游成为消遣闲暇时间的首选项目，旅游消费近年来稳步增长，成为我国经济新的增长点。2011年以来经济的增速降低，但是旅游总收入持续以13%的增速发展。由表6-3可知，国内游客人数从2010年到2015年在五年内增长了近1倍，旅游总花费五年内增长了21615亿元，人均消费水平达到857元，2015年有1.2亿人出境旅游，花费达到1045亿美元。旅游人数和旅游消费逐年增长，出境游人数也稳步增长，消费观念和消费结构的转变及经济能力的增强和可支配的闲暇时间的增多推动了人们的旅游消费，这部分人群的消费观念将成为体育特色小镇发展的需求因子之一。

表6-3　我国居民旅游消费情况

指标	2015年	2014年	2013年	2012年	2011年	2010年
国内游客（亿人）	40	36.11	36.62	29.57	26.41	21.03
国内旅游总花费（亿元）	34195.1	30311.9	26276.1	22706.2	19305.4	12579.8
国内旅游人均花费（元）	857	839.7	805.5	767.9	731.0	598.2
国内居民出境人数（万人）	12786	11659.32	9818.52	8318.17	7025	5738.65

（二）健康和健身意识促进了全民体育消费时代得到来

随着人们对健康追求的升高，消费结构迅速转变，全民体育消费的热潮增加。2014年开始马拉松受到大众热捧，2015年北京马拉松的6.3118万人创造了国内全马人数的纪录，上海马拉松超过12万的预报名人数再创新高。马拉松热带动了大众的健身热潮，迅速提升城市价值的同时带来了体育消费，如北京延庆的骑行大会每年都会吸引十几万人的日常骑行人员。随着全民体育消费习惯的逐步养成，大众的健身参与向多元化方向发展，自行车、户外运动、冰雪运动都是备受青睐的大众健身项目，康复养生的需求也促进太极、瑜伽等项目的发展，更多的人参与其中形成了涵盖老、中、青和家庭、单位的强大体育消费群体。这一绿色、健康、幸福的产业具有极大的融合性，将构成强大的体育产业共融圈，对发展群众体育、促进全民体育消费时代的到来起到有力的助推作用。

（三）体育旅游促进了对参与、体验性消费的需求

随着人们旅游需求质量的提升及消费结构的转型升级，多元化的需求使参与性体育活动进入人们的视野，体育与旅游的结合更好地迎合了新的消费意愿，体育旅游倡导的是参与其中、体验快乐，能更好地放松身心，释放压力，成为人们旅游关注的热点。世界的体育旅游市场正以每年15%的速度增长，而我国的体育

旅游仅占旅游行业的 5%，与发达国家的 20% 还有很大差距，还处于起步阶段，具有很大的发展空间。在国家的"5 个 100 目标"的推动下，体育特色小镇的建设将为体育旅游市场带来巨大商机，体育旅游将推动人们以极高的热情接受体育特色小镇的发展理念并乐于参与其中。成功案例如云南安宁的温泉国际网球小镇，是亚洲最大的红土网球场地，以举办国际、国内赛事为主，依托优异的自然资源，开发了山地户外运动、低空飞行、垂钓等多元化的健身、休闲项目，把"体育+旅游"有机融合，形成了以观赛为核心、旅游为基础、休闲为补充的多元化、多功能的参与型小镇，其 2016 年观赛人数达 110 万，年综合收入 2.137 亿元。

（四）体育特色小镇发展需求子系统各因子之间的关系

图 6-5 表示的正是体育特色小镇发展的需求子系统驱动因子之间的关系，主导因子经济能力和闲暇时间是需求的客观条件，引发了旅游度假的需求；辅助因子包括对健身、养生的需求、健康意识的加强和对体育的偏好，其促进了体育消费意识和需求的增长；旅游度假和体育消费构成了对体育旅游的向往，加上对参与性体育消费需求的增强构成了对体育特色小镇发展的需求动力。

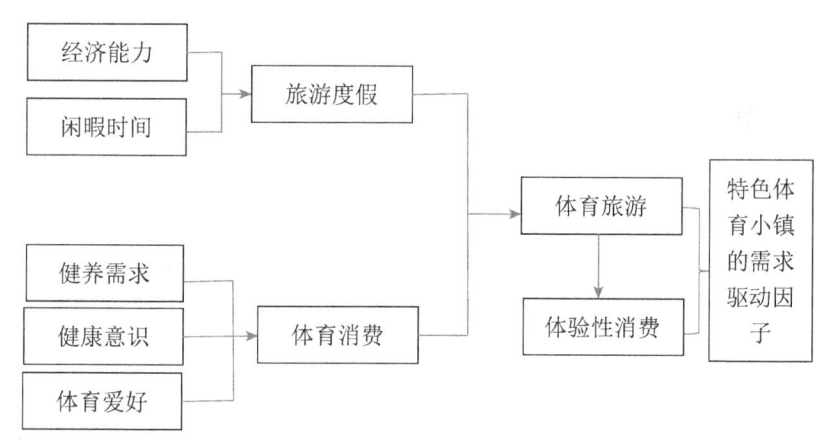

图 6-5 体育特色小镇发展的需求子系统关系

三、支持子系统

（一）政府引导扶持

政策支持是开启任何事业的出发点，否则将会举步维艰，响应国家政策，跟随时代形势是事业成功的基础。改革开放后，国家意识到旅游业在拉动内需、提高就业率等方面的作用，于1985年把旅游业作为促进国民经济的一项事业发展，随着消费结构的转变和节假日的增多，旅游成为必不可少的生活方式。从表6-4可知，随着2014年国务院46号文把体育产业纳入国家政策，体育产业加快了发展步伐，促进了体育产业与各领域融合发展；随着国家对全民健康的重视和建设健康中国的伟大目标的出台，发布的《关于大力发展体育旅游的指导意见》提出了2020年体育旅游人数超过10亿，建设100个具有重要影响力的体育旅游目的地等5个100计划，这些计划在国家建设特色小镇的政策引导下碰撞出了建设体育特色小镇的创新理念；随着2017年5月相关政策的出台，体育小镇的建设得到国家支持，浙江、江苏等地率先提出了相应支持政策并启动建设体育特色小镇，在国家、地方政府的有力支持下，体育特色小镇得到体育产业、旅游业和房地产业等机构的响应，进入积极申报和建设之中。

表6-4　2014—2017年体育产业相关的国家政策

发布时间	政策名称	主要内容
2014.10.20	《关于加快体育产业促进体育消费的若干意见》	体育产业上升为国家战略
2016.5.5	《体育发展"十三五"规划》	促进体育产业与各领域的协调发展
2016.5.15	《关于推进体育旅游融合发展的合作协议》	体育与旅游融合发展
2016.6.15	《全民健身计划》（2016—2020年）	提高锻炼人口，增强群众身体素质
2016.7.13	《体育产业发展"十三五"规划》	提出了体育产业发展的50个基地，2个100目标
2016.10.25	《关于加快发展健身休闲产业的指导意见》《"健康中国2030"规划纲要》	2025年达到5万亿元的产业目标 2050年健康目标
2016.11.28	《关于进一步扩大旅游文化体育健康养老教育培训等领域消费的意见》	促进体育消费
2016.12.22	《关于大力发展体育旅游的指导意见》	5个100计划，10亿人体育旅游、1万亿元体育消费目标
2017.5.11	《关于推动运动休闲特色小镇建设工作的通知》	体育特色小镇的建设得到国家的政策支持

（二）环境设施安全

环境设施和国家政策共同支持着体育特色小镇的发展，体育小镇最基础的功能是居住、生活。因此，环境设施是首先要建设的支持因子。

一方面是方便的基础设施。完备的交通条件包括客源地到体育小镇的交通和小镇内的交通设施，便捷的交通缩短了旅途的时间，使在小镇内的时间相对拉长，小镇一般建在城市郊区或景区，政府部门在选址和建设体育小镇时应充分考虑交通问题进行相应的配套建设；体育小镇一般规模不大，以步行为主，中途设有休息凳、便民服务亭和垃圾箱等设施，这些设施与道路的铺设力求与景区的格调协调，提高景区的感染力，使游客身心融入其中；通信设施的便利也是基础建设之一，现在的通信工具主要在手机和网络，因此要提供景区全覆盖的电信信号和无线网络，方便与镇外亲友的交流和联系。

另一方面是安全保障设施。安全的环境影响游客的心理，小镇是放松身心的场所，存在安全隐患的场所很难具有吸引力。首先是安全的社会环境，打造一个具有较高人文环境的体育小镇，包括商业环境、居民的态度和小镇治安等方面，要加强居民素质的教育并建设良好的治安环境。其次是安全的卫生环境，保障食、宿、娱的安全。餐馆、饭店、酒店要严格进行消毒，并保证服务人员的身体健康，安全措施做足；娱乐、休闲场馆的设施进行每天的消毒处理，防止交叉传染，保证安全休闲。

四、中介子系统

（一）旅游企业服务到位

旅行社是向游客提供有关旅游服务的企业组织。包括提供旅游地信息、组织到旅游地的食宿、观光体验并引导消费，是介于需求与供给之间的中介组织。随着体育旅游的出现，旅行社也推出了各种观赛旅游、体育体验游，引导人们参与多元化的旅游消费。由于体育小镇属于旅游的一种特殊形式，旅行社作为一种中介组织是体育小镇发展必不可少的一部分，对消费者的引导具有积极的效应。旅行社的服务方式通常包括提供全程服务的组团游和仅提供部分服务的自助游，由于跟团游的约束性，近年来自由行的比例逐年上升。2015年的40亿国内游中有32亿人选择自由行，1.2亿出境游中有67%的自由行人群，这类人群中71.2%希望得到此类高性价比的旅游产品和服务。体育小镇旅游属于体验性消费，游客会更倾向于自助游，他们需要的是基于优质的点评和攻略，从而快速的决策度假的酒店、机票、保险和当地的娱乐项目等服务。因此，旅行社要跟随游客的消费结构的变化创新思路，根据游客需求设计服务。通过专题报道的形式对体育小镇全方位、客观化介绍，对形成体验性消费意向、引导消费具有重大意义；获得旅游信息的途径还有新闻和口碑及网站等，通过参与人群的体验、感受提供借鉴，供选择参考。

交通是游客通向体育小镇的通道，便捷的交通设施是促进小镇发展的基础条件，包括通畅的道路、便捷的交通工具和安全的保障，便利的交通条件能够有效减少旅途的烦琐和疲劳，顺利达到小镇并尽快融入小镇生活。

(二) 服务中心配套完备

提供观赛、健身、娱乐的服务中心也是连接游客与体育资源的中介，包括为游客观赛提供的赛事服务中心，参与体育锻炼、康复、培训、教育所需要的场馆服务，健身指导、康复医疗的服务等。服务是一体化、全方位的综合服务，是最大限度满足需求的服务追求。完备的服务中介消除了度假、健身的安全隐患，促进需求与供给由理论转化成现实。如法国沙木尼小镇是我国体育小镇建设值得借鉴的成功案例，现形成4套完备的配套体系，其一是向导服务公司有专业的向导提供登山、滑雪服务；其二是住宿服务提供几十家不同形式的居住地，有星级酒店、家庭旅馆、公寓，也有供露营的营地服务和中长期的租赁服务，满足不同游客的住宿需求；其三是商业服务提供体育用品及纪念品的商店、多样的餐饮店及酒吧等娱乐场所；其四是形成了包括急诊、医院和科研中心的医疗服务体系。

(三) 供需研究创新高效

体育特色小镇的建设和发展需要研究供需市场。因此，供需研究成为体育特色小镇发展的中介因子之一，建立良好的可行性研究才能引导小镇的持续发展，内容包括消费者需求的研究、体育小镇承载量和供给能力的研究及小镇能够多元化创新发展的研究等。

五、各子系统互动分析

体育特色小镇发展的四大子系统构成相互联系、互为补充的整体，它们之间通过相互间的作用力推动体育特色小镇的发展，其互动的关系构成了图 6-6 的驱动机制模式。

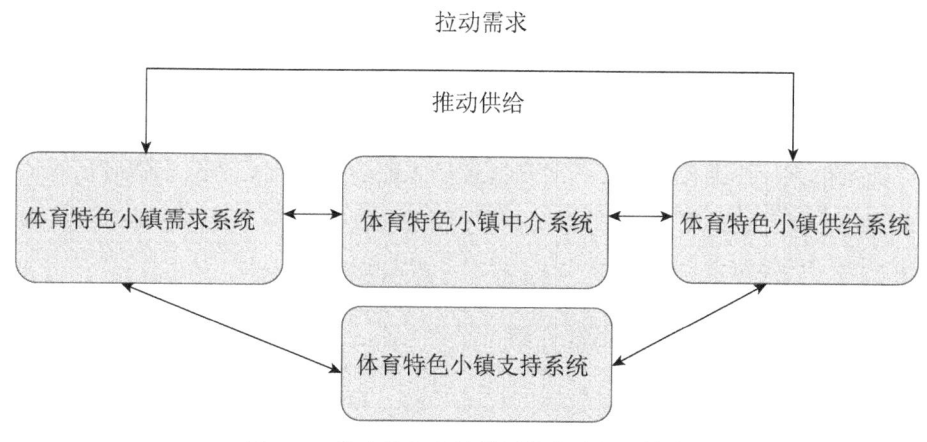

图 6-6 体育特色小镇发展的驱动机制模式

（一）各子系统互动关系分析

需求、供给两大系统是组成体育特色小镇发展的主干系统，它们之间通过需求的推动和供给的拉动带动着系统的运行，其中需求起主动作用，通过对供给的作用力来满足自身的需要同时推动着供给的运行，而供给不会被动地接受需求的推动。首先，它会给需求以反作用力，在接受了需求的信息后要尽力的满足需求，并不断的创新产品来满足发展变化的需求；其次，把供给的产品做出特色使其附有特殊的吸引力，引导需求；更进一步，会主动开发、创造新产品或挖掘潜在的资源来吸引新的需求。体育特色小镇以单一的体育资源满足需求后，如果停滞不前其吸引力就会下降，为了持续性发展，需要开发更多的体育、休闲项目，形成多元化的休闲聚集区来形成持续引力。

中介系统是体育特色小镇发展的需求和供给系统之间的纽带，需求系统通过中介寻找供给，供给系统依靠自身的吸引物通过中介吸引需求，中介系统通过信息传递把两者联系起来，为两者搭建起桥梁实现供需的转化。通过中介系统能够及时把握市场的动向，了解供需矛盾，防止不利形势出现，促进体育小镇的健康发展。供给与需求系统对中介系统具有促进作用，中介系统是直接接触需求和供给的系统，能及时了解供需的新动向，能根据需求寻找新的体育特色小镇作为产品并推出新的旅游线路、方案等；供给的变化同样会吸引中介系统的介入，提供宣传、推广服务来获得利益，促进系统发展。

支持系统支撑着需求与供给系统的良性运转。一方面，通过国家、政府的政策引导体育消费，为体育特色小镇的发展提供需求方；并积极提供优惠和扶持政策，引导优质的资源所在地建设体育特色小镇刺激供给方，能大力投资建设基础设施，为体育小镇的发展提供了可能。另一方面，需求和供给系统影响着支持系统，通过供需的反馈作用督促着支持系统的不断完善。体育特色小镇要具有持续的动力，支持系统就要持续的应对供需发展所面临的困难，改善基础设施，提供政策支持，促进供需良性运转。

（二）各子系统互动结果分析

①体育特色小镇是以体育为核心特色，融合文化、旅游、健康等产业，集健身休闲、养生养老、度假、观赏体验活动等多种作用为一体的具有一定社区功能的产业、消费、人群聚集区。是拥有丰富体育资源、宜居环境，能够满足多元化需求的小而精的非建制镇的景区或度假区。主要类型包括产业、休闲、度假养生和赛事四种。

②运用了供给侧结构性改革对经济的潜在推动理论、推拉理论、旅游地生命周期理论、共生理论和创新理论研究体育特色小镇发展的驱动机制。

③以动车组的分散动力理论来说明体育特色小镇发展的动力机制，需求和供给是最基本的动力，各动力因子要协调合作，集合各分散动力整体发力产生最高的效率。

④从利益代表主体的角度考虑推动体育特色小镇发展四大系统的主导因子，并构建了驱动因子之间的作用模式，需求、支持、中介系统的合力促使进入小镇消费，并通过供给和支持系统的合力拉动，形成促进体育特色小镇发展的强大作用力，并通过体育小镇的反馈促进各系统进行局部调整和创新，最终实现各主体的利益追求目标。

⑤利用体育特色小镇发展的四大系统构建了驱动机制模式，通过共生理论、创新理论和旅游地生命周期理论可知，四大系统是互为补充的整体，需在共同进步中才能和谐发展，在发展的每一阶段抓住主要矛盾进行创新以延长生命周期，保证体育特色小镇的持续发展。

⑥体育特色小镇的建设是一个长期的过程，相比一般旅游地建设，投入的更

多，要求也更专业；其发展也是缓慢前行的过程，我国的体育消费水平还处于初级阶段，但人口基础大，有很大的发展空间，国外著名的体育小镇都经历了几百年的发展历史。因此，对体育小镇的发展要用长远的眼光看待，不能忽视小镇前途而盲目追求眼前利益。体育小镇是一个休闲聚集地，决定了需求群体的中高端性，品牌形象的树立同样重要，要立足小镇自身优势，多元化开发其体育功能，实现共享发展。

第七章　中国体育特色小镇游客满意度研究

满意度理论的研究起步于 1965 年，Dardozo 最早提出顾客满意度的概念，认为顾客满意度可以促进其消费行为。20 世纪 70 年代，开始应用于商业市场营销范围。80 年代之后旅游界学者开始意识到顾客反馈评价，即满意度对旅游目的地的影响，并开始在业界进行测量研究和推广应用。后期学者主要围绕旅游前期准备、旅游中期体验和旅游后期反馈三个阶段进行系统研究。

"满意在于努力"。旅游的价值注重人性化的体验，沿途的风景和征程时的心境是驱动游客前往目的地的内动力，所以，游客期待和主观体验才是旅游目的的真正吸引力所在。一般目的地主要围绕吃、住、行、游、购、娱旅游六要素进行框架式服务，难以深入了解游客体验真实性及满意度和出行期待，而体育旅游除上述六要素外，还需注重顾客旅游努力的三个构件：身体消耗、认知体验和情感投入，以上三个要素的获得感越多游客的消费欲望就越强烈，忠诚度就越高，满意度越高，复游率越大。

第一节　满意度理论与模型研究

随着旅游业的发展及人们休闲意识的增强，作为体育旅游可持续发展的重要因素和参考指标的游客满意度逐渐成为政府及学者关注的热点。目前，国内外学者试图从游客感受的角度筛选旅游目的地满意度评价指标体系和构建相关评测模型，并对实证性案例的游客期待、质量感知、价值感知和后效应等指标进行期待阶段、体验阶段、评价阶段和后旅游阶段的测算，进一步评估体育特色小镇的建设程度、特色水平和品牌效应，以期剖析旅游产品中的优缺点，尤其是不足之处，并提出相应的优化策略，进一步升级产业结构布局和提升服务质量。

一、概念界定

顾客满意度（Customer Satisfaction Degree，CSD），是顾客者对消费对象的满意程度，"满意"指顾客的意愿得到满足的状态，满意度是一个综合概念更是一个量化描述，包含多个因素，是顾客在消费（使用产品或享受服务）后，所形成的对产品或服务所持的态度[1]。随着经济的快速发展及对生活质量的追求，顾客满意度理论受到国内外理论界和实业界相关领域的关注。人们对经济资源的关注点从效率转移到了对质量的关注，顾客满意度正是立足于消费者对产出质量评价的恰当指标。如何充分挖掘产品本身的价值及探索顾客需求，形成精准营销，把商品价值展现给顾客，促使顾客满意度的最大化，是市场经济下企业发展需要关注的问题，本研究中的顾客是指体育特色小镇中的游客，亦即顾客满意度是指游客满意度。

二、现有模型

游客满意度指游客对于旅游期望与体验结果对比后所产生的心理状态[2]，对后续的重游意愿、推荐意愿及旅游地的口碑等具有重要影响。顾客满意度指数（Customer Satisfaction Index，CSI），对 CSI 的研究始于 20 世纪 60 年代，依据 CSI 反映顾客对产品是否满意，在每一个国家的不同情况下学者提出了不同的满意度指数模型，具有代表性的模型包括：①瑞典满意度指数（Sweden Customer Satisfaction Barometer，SCSB），为 1989 年美国密歇根大学国家质量研究中心提出，包括感知绩效、顾客期望、顾客抱怨、顾客满意度及顾客忠诚 5 个结构变量；②美国顾客满意度指数（American Customer Satisfaction Index，ACSI），1994 年福内里（Fornell）以瑞典模型作为基础而提出，模型将感知绩效分解为感知价值和感知质量，能够更加准确地分析顾客满意度与感知绩效的关系，为目前最具影响力的模型，为多个国家采用；③欧洲顾客满意度指数（ESCI），借鉴 ACSI 模型并根据国情进行了修订，构建了欧洲顾客满意度模型，模型包含了 7 个潜在变量分别是公司形象、顾客期望、感知质量（硬件、软件）、感知价值、ECSI、顾客忠

---

[1] 刘金兰. 顾客满意度 ACSI [M]. 天津：天津大学出版社，2006：7，72-75，52.
[2] 李瑛. 旅游目的地游客满意度及影响因子分析——以西安地区国内市场为例 [J]. 旅游学刊，2008（4）：43-48.

诚；④中国顾客满意度指数（Chinese Customer Satisfaction Index，CCSI），由清华大学中国企业研究中心以 ACSI 为基础于 2001 年提出，包含 6 个潜在变量，增加了品牌形象，更换顾客的期望值为预期质量，并增加了顾客感知质量与顾客感知价值、顾客满意度之间的关系[1]（表 7-1）。

表 7-1 不同满意度指数模型一览

序号	时间	名称	变量指标	模型图
1	1989 年	瑞典满意度指数（SCSB）	感知绩效、顾客期望、顾客抱怨、顾客满意度、顾客忠诚	
2	1990 年	美国顾客满意度指数（ACSI）	感知价值、感知质量、顾客期望、顾客抱怨、顾客满意度、顾客忠诚	
3	1999 年	欧洲顾客满意度指数（ESCI）	公司形象、顾客期望、感知质量（硬件、软件）、感知价值、ECSI、顾客忠诚	
4	2005 年	中国顾客满意度指数（CCSI）	品牌形象、预期质量、感知质量、感知价值、顾客满意度、顾客忠诚	

综上，学者在顾客满意度模型测量指数方面的研究已十分丰富，模型具有相同点，但在变量选择上不同国家、地区综合考虑了自身的文化、经济、国情等特点。本文参考已有顾客满意度指数模型，初步筛选体育特色小镇满意度测量指标体系（图 7-1），并设计体育特色小镇满意度调查问卷，结合调查数据，构建适

---

[1] 周荣庭，胡贤凤，Fahad Asmi. 基于 CSI 模型的 AR 图书顾客满意度研究 [J]. 出版科学, 2019, 27(3): 97-103.

合体育特色小镇的游客满意度模型。

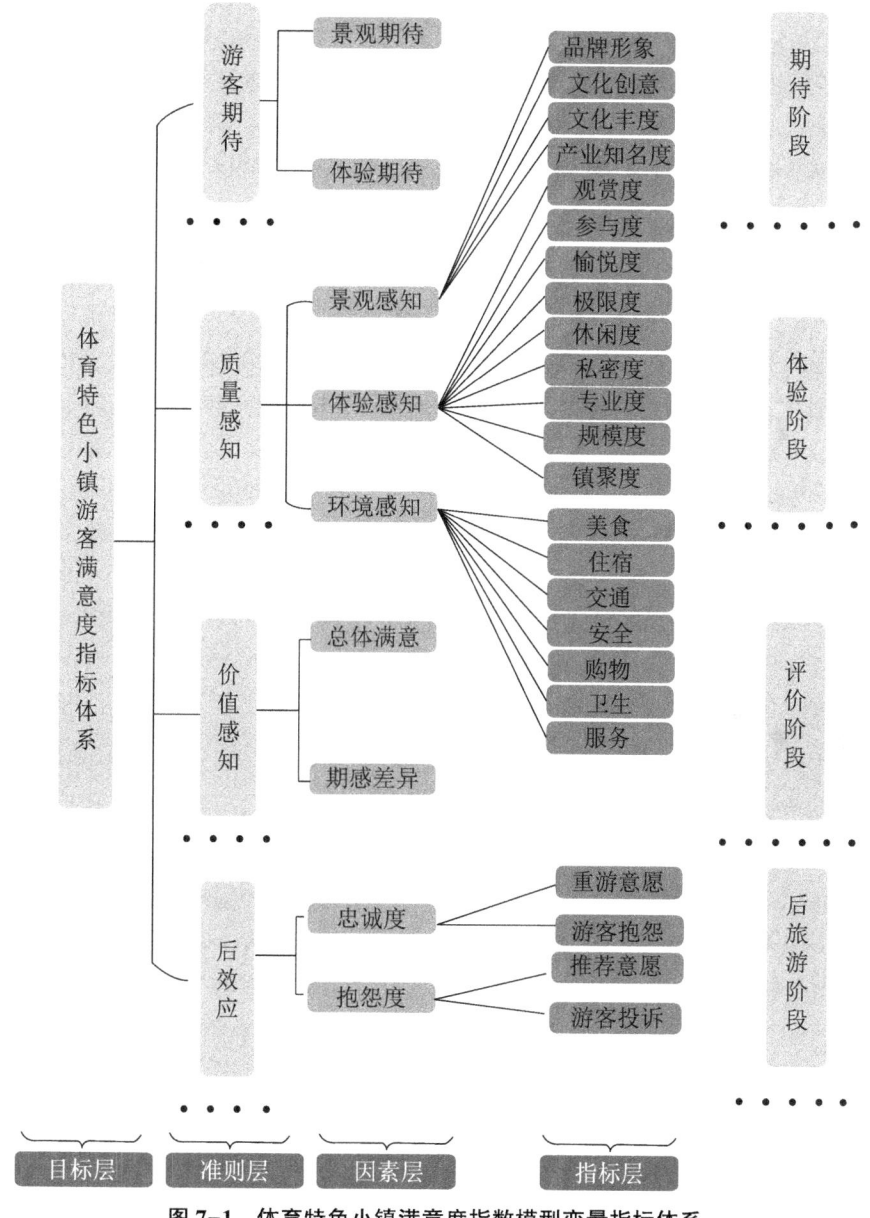

图 7-1 体育特色小镇满意度指数模型变量指标体系

第二节 体育特色小镇游客满意度影响因素

有关游客满意度的指标体系研究中,各位学者对二级指标有不同的见解。国外部分学者或采用情感、实践和逻辑三重价值感知进行探讨;或通过使用、交易、获得和偿还四个维度进行感知价值分析;或用质量价值、社会、情感与价格价值四个维度进行实证研究;或从功能和情感角度将感知价值划分为社会、情感、功能、认识和条件五个维度进行研究。国内学者郭安禧(2018)通过经济、学习、实体三个维度来测量对满意度和重游意愿的关系;林涛(2013)通过消费者的偏好、商品的价值、体验感知等指标研究游客满意度。本研究则通过游客期待、质量感知、价值感知和后效应四个指标进行体育特色小镇满意度研究。

一、游客期待

游客期待影响游客满意度,奥利弗(Oliver,1970)认为游客对产品和服务的期望直接影响顾客满意度。游客期待为游客在去目的地消费之前,通过对产品或服务的认知和印象的主观判断,而产生的对消费产品的期待和希望。期待的差异会影响游客满意度,游客会根据前期或过去的经历、广告等途径形成对产品或服务的期望,消费结束顾客会将自己的感知与期望对比,当感知质量低于期望,会对产品或服务产生不满意的负差异;相反,当感知质量高于期望,产生正差异。福内尔(Fornell,1996)认为顾客利用经验性或非经验性信息对产品或服务质量的判断与预测[1]。霍华德(Howard,1992)认为期待应是对消费产品质量、所掌握知识的映射。奥利弗(Oliver,1980)认为顾客期望与顾客实际感知之间的差距会影响顾客的满意度,当顾客实际感知体验高于顾客期望时,会更加认可产品,从而提高满意度[2]。米勒等(Miller等,1977)把期望分为理想、想要、期待和最低容忍四种类型,期望类型将不同程度的影响顾客的满意度,其关系随

---

[1] Fornell C, Johnson M D, Anderson E W. The American customer satisfaction index: nature, purpose, and Findings [J]. Journal of Marketing, 1996, 60 (4): 7-18.
[2] Oliver R L. A cognitive model of the antecedents and consequences of satisfaction decisions [J]. Journal of Marketing Research, 1980, 17 (4): 460-469.

期望的类型而改变[1]。若顾客具有理性的期望，则在消费经历后能够反映并接受他们预测质量与价值水平，若顾客对产品没有经历和期望条件下，约翰逊、纳德、福内尔（Johnson、Nader、Fornell，1995）使用瑞典顾客满意度指数数据进行了论证，显示他们之间没有直接影响，所产生的期望可能是服务传递和产品消费的结果。汪侠等（2006）的研究显示游客期望与满意度之间具有负相关关系[2]。

大量研究表明游客期待同满意度之间具有直接的相关关系。波文（Bowen，2001）研究指出游客期望、绩效等因素是影响游客满意度的前提；保斯库等（Pauscu等，2006）通过探讨游客满意度相关关系，得出游客期望是满意度的重要前提变量[3]。

本研究模型中，游客期待指的是游客去目的地消费前对产品、服务等整体情况认知与判断的预估。当游客期待准确反映当前产品质量，即游客掌握信息时，游客期待对满意度具有正向效应，若游客期待不存在则被测量的期望便转换成在消费过程中所提供服务的产物，此时的期望对满意度没有直接影响。

二、质量感知

质量的定义因顾客要求不同而答案不一。因此，质量体现了主观性、相对性及动态性等特点。顾客的质量感知评判由顾客的感知差异所决定，且质量是决定满意度的驱动器，质量感知或性能感知是决定总体顾客满意度的首要因素，因其是顾客对产品消费的评价，将对整体顾客满意度产生直接影响[4]。对于顾客质量感知与顾客价值感知之间的关系是很清楚明显的，质量感知决定了价值感知，对顾客满意度具有不可替代的作用。ASCI、CCSI等满意度模型均验证了顾客感知质量与顾客满意度之间的正相关关系，奥立佛等（Oliver等，1981）认为顾客满意度对顾客感知质量具有决定性作用。蔡特哈姆尔（Zeithaml，1996）将顾客

---

[1] Gilly M C, Cron W L, Barry T E. The expectations-performance comparison process: an investigation of expectation types [C] //Proc. Conf. Conswmer Satisfaction, Dissatisfaction, and Complaining Bebavid, 1983: 10-16.
[2] 汪侠，梅虎. 旅游地游客满意度：模型及实证研究 [J]. 北京第二外国语学院学报，2006 (7)：1-6.
[3] 黄宝美. 旅游景区游客满意度测评体系的构建 [D]. 北京：北京交通大学，2012.
[4] Fornell C, Johnson M D, Anderson E W, et al. The American customer satisfaction index: nature, purpose, and findings [J]. Journal of Marketing, 1996, 60 (4): 7-18.

质量感知归纳为对全部产品属性的整体性的判断，也是顾客对产品价值的判断[1]。张飞相（2014）等人对忠诚度影响因素的量化研究验证了质量感知对顾客满意度的显著影响[2]。

三、价值感知

价值感知指在购买和消费产品或服务后，对比所支付的费用与所获得体验而形成的对产品或服务的总体评价，是产品带来的利益总和与顾客支付的比值，即顾客通过某种产品所"获得"部分和所"付出"部分的利益权衡。其中，"获得"指顾客从购买的产品中获取的质量、性能以及效益；"付出"指顾客为获得产品所支付的货币成本和非货币[3]。价值感知早期的满意度研究主要集中于期望、感知质量和满意度的关系，近年来倾向于关注感知价值对满意度的作用，且认为对游客满意度的研究必须考虑价值感知的影响。有学者认为价值感知包含功能价值、总体价值、情感价值等，其中感知价值对游客满意度具有显著价值；帕拉休曼等认为感知价值对游客的选择行为、满意度和重购行为都具有重要影响[4]；有研究将感知价值分为功能性、情感性和社会性三种价值，并证明三种价值对顾客满意度的显著正相关作用[5]。

对感知价值归纳为以下特点：①差异性，顾客对同一产品或服务的感知具有差异性；②变异性，同一顾客在不同的时间、情景下对同一服务的感知具有变化性；③客观性，顾客对产品的感知建立在效能基础之上、是客观存在的；④自私性，消费者对损失的感知高于对利益的感知。顾客对产品或服务是否满意取决于顾客的预期与实际感受的差异度，是对产品综合价值的主观判定。

---

[1] Zeithaml VA, Berry LL, Parasuraman A. The behavioral consequences of service quality [J]. Journal of Marketing, 1996, 60 (2): 31-45.

[2] 张飞相, 杨扬, 陈敬良. 图书在线消费者忠诚度影响因素的实证研究 [J]. 中国流通经济, 2014 (11): 87-93.

[3] Zeithaml VA, Berry LL, Parasuraman A. The behavioral consequences of service quality [J]. Journal of Marketing, 1996, 60 (2): 31-45.

[4] Parasuraman A, Grenal D. The impact of technology on the quality-value-loyalty chain: a research agenda [J]. Joural of the Academy of Marketing Science, 2000, 28 (1): 168-174.

[5] Roig J C F, Garca J S, Tena M N M. Perceived value and customer loyalty in financial services [J]. Service Industries Journal, 2009, 29 (6): 775-789.

四、后效应

体育特色小镇中的后效应包括评测游客的忠诚度,游客忠诚度是行为忠诚和情感忠诚的统一,游客对旅游地的态度取向是游客情感忠诚的表现,如正面口碑宣传、推荐行为等均是积极的情感忠诚表现。旅游地应对游客的价值进行全面认识,由于存在潜在的传播和推荐效用,不应仅限于眼前效益,树立关系营销理念,基于游客满意度的测评提升业绩。

忠诚度是顾客对品牌的情感依恋程度[1],大部分文献将忠诚度分为态度忠诚和行为忠诚[2]。奥立佛(Oliver, 1980)认为忠诚度是无论竞争对手或外部环境如何,顾客的复购意愿都不会受到影响,并指出顾客满意度和顾客忠诚度的关系不能彼此替代,顾客忠诚度受顾客满意度的直接影响[3],网络、口碑等影响顾客的忠诚度,两者之间存在显著的正相关关系[4],从总体上顾客满意度对顾客忠诚度具有贡献,但他们之间的贡献能否得到等额的赢利回报并不能确定。游客满意度与忠诚度的可能关系存在正相关,即满意度越高,游客的忠诚度越高,但不同的竞争环境存在两种不同的关系曲线(图7-2)。

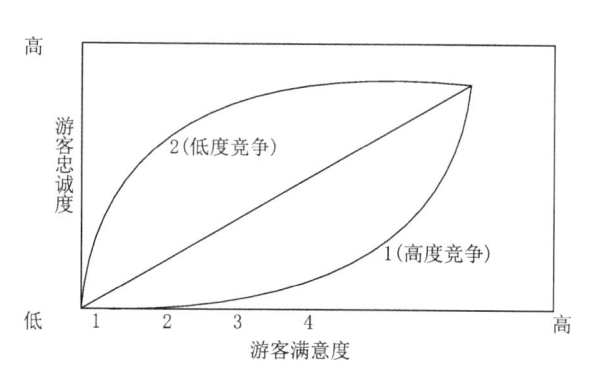

图 7-2 游客满意度与忠诚度关系

[1] Aaker DA. Managing brand equity: capitalizing on the value of a brand name [M]. London: Free Press, 1991: 277-287.
[2] Kumar V, Shah D, Venkatesan R. Managing retailer profitability—one customer at a time [J]. Journal of Retailing, 2006 (82): 277-294.
[3] Oliver RL. A cognitive model of the antecedents and consequences of satisfaction decisions [J]. Journal of Marketing Research, 1980, 17 (4): 460-469.
[4] Chevalier J A, Mayzlin D. The effect of word of mouth on sales: online book reviews [J]. Journal of Marketing Research, 2006, 43 (3): 345-354.

第三节 体育特色小镇游客满意度模型构建

游客满意度对体育特色小镇未来的发展和提升服务质量具有重要影响，因此，旅游地的发展应从游客满意角度多方向延伸，以了解和平衡游客日益增长的旅游需求和现阶段的服务质量，通过满意度分析能够精准定位找差距，提升旅游地的服务质量。为促进体育特色小镇的可持续发展，运用CSI模型并结合旅游地概念及游客满意度特点进行模型构建，从游客满意度视角分析，认为模型的构建应能够代表行业特点，并以坚实的理论为支撑，使其具有解释力、科学性、应用性及代表性，并能用于不同企业的满意度测评。通过对前期理论的深入研究，所构建模型包含游客质量感知、游客期待、游客价值感知、游客满意度、忠诚度5个潜在变量，已有研究证明游客期待同满意度之间具有相关关系，因无法对模型的潜在变量进行直接测量，根据相关理论研究逐级展开后形成三级评价指标体系，由期待、体验、评价、后旅游四个阶段组成。SEM是验证模型的一种方法，在理论和经验的支持引导下构建假设模型图，即模型构建必须具有特定的理论观点或概念架构，然后根据数学程序进行模型验证，通过检验所测数据与模型适配度指标的拟合程度，评估模型的合理性，属于先验性计量模型。通过分析，研究的原假设均被验证，质量感知、游客期待两因素对游客满意度的正向影响高于游客价值感知因素，游客期待、质量感知与价值感知是游客满意度的前提变量，均表现出了正相关关系。游客期待、价值感知与质量感知构成游客满意度的驱动因素，其中质量感知对价值感知具有显著的影响，游客忠诚度是满意度的结果变量，当游客体验与游客期望相吻合或得到认可时会产生游客忠诚。因此，体育特色小镇发展的长远效益需重点把握游客满意度，并以特色体育小镇质量提升为基点关注游客的期待差异、感知差异、感知差异，阶段性为旅游地注入新活力，使其有序、多样化发展，通过精准和差异化服务，努力满足不同游客的需求，最大化满足游客意愿，使游客旅游、休闲、运动体验得到满足。游客满意度模型的构建有利于开发和提升体育特色小镇的潜在价值，精准定位游客需求并及时发现旅游地不足，促进体育特色小镇在全生命周期的高质量发展和可持续发展。

一、构建原则

（一）行业代表性原则

满意度模型应该反映行业特点，旅游为服务业，属于第三产业，游客在旅游体验过程中的感知、期待影响着满意度指标。因此，模型要体现游客对景观、体验的感知与期待及对价值的感知。此外，旅游业具有综合性特点，美食、住宿、交通、娱乐、购物等体验，这些影响因素也是模型要考虑的指标。

（二）科学性原则

模型要以相关理论为支撑，通过严谨、规范的过程分析，验证模型的解释力及科学性，使其具有应用性及代表性。

（三）可比性原则

构建特色体育小镇游客满意度模型，为得到游客的客观评价，应以游客的角度设计指标，使模型能同时应用于对不同类型体育小镇的满意度测评，进而能够对不同企业进行比较。

二、构建步骤

（一）研究假设

本研究依据科学性、可比性、行业代表性原则，参考 CSI 模型并结合旅游地概念及游客满意度特点，构建体育特色小镇游客满意度模型，模型包含游客质量感知、游客期待、游客价值感知、游客满意度、忠诚度 5 个潜在变量。其变量之间的路径关系（图 7-3）中，"+"表示正相关的关系，"-"表示负相关关系，模型中质量感知、游客期待、价值感知与游客满意度之间存在正相关关系，抱怨度与满意度之间为负相关。

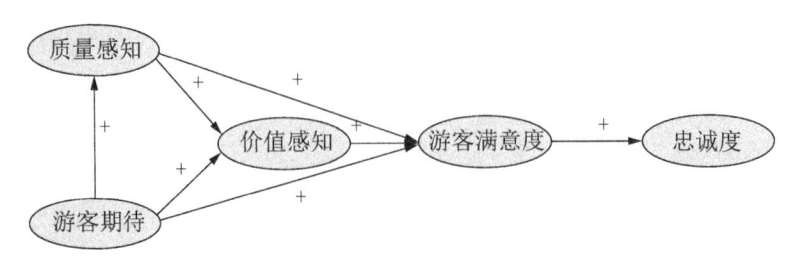

图 7-3　游客满意度模型

SEM 假设是对整体模型的评估，比较样本的共变异数矩阵（S）与期望矩阵（Σ）的差异，即（$S-\Sigma$），值越小表示假设模型与样本数据越相似。因此，本研究的假设如下所示：

H0：模型期望共变异数矩阵与样本共变异数矩阵没有差异，即（$S-\Sigma$）= 0

H1：游客期待对质量感知具有显著的正相关

H2：游客期待对价值感知具有显著的正相关

H3：游客期待对游客满意度具有显著的正相关

H4：质量感知对价值感知具有显著的正相关

H5：质量感知对游客满意度具有显著的正相关

H6：价值感知对游客满意度具有显著的正相关

H7：游客满意度对游客忠诚度具有显著的正相关

(二) 问卷设计与数据收集

研究基于学者对满意度相关变量的定义即文献的探讨，结合 CSI 满意度模型对变量的定义并参考已在研究中被广泛应用且具有信、效度的专家问卷，开发出特色体育小镇游客满意度的结构式问卷，问卷包括两部分，第一部分为测试对象的基本信息，第二部分为采用李克特（Likert）7 级量表设计的有关游客满意度模型中的由可测变量而形成的问卷，首先对题项进行前测，探索性因子分析删除 2 项不符合要求的题目后，包含 16 项测试题目，继而通过问卷进行调研并对数据回收。

研究通过网络平台问卷星制成网络问卷，借助微信、QQ 等社交平台发布链接进行网络调查，并在山东省临淄少儿齐文化足球小镇、北京国际足球冰雪小镇、日照奥林匹克水上运动小镇、崇礼太舞滑雪小镇等现场发放问卷，调查发放问卷 500 份，收回 478 份，有效问卷 453 份，男性测试者 232 人，女性 221 人，问卷信度为 0.86，问卷效度 0.83。

数据通过 SPSS 统计软件对样本收集整理，用 AMOS 对模型的路径系数和拟合度进行分析和检验。

（三）模型指标体系

体育特色小镇游客满意度模型的所有 5 个变量均为潜在变量，无法直接对其进行测量，需要对潜在变量逐级展开转变为可测指标，就形成了游客满意度的测评指标体系（表 7-2），可把游客游客满意度指标体系分为三级，一级指标为游客满意度；二级指标为模型中 5 个潜在变量，即游客期待值、游客质量感知、游客价值感知、游客满意度和游客忠诚度；三级指标根据体育特色小镇行业特点及旅游业影响因素，由二级指标展开获得，整个指标体系可分为四个阶段：期待、体验、评价、后旅游。

表 7-2　特色体育小镇游客满意度模型指标体系

一级指标	二级指标	三级指标	
游客满意度	游客期待（EXP）	景观期待 EXP1	期待阶段
		体验期待 EXP2	
	质量感知（QUA）	景观感知 QUA1	体验阶段
		体验感知 QUA2	
		服务感知 QUA3	
	价值感知（VAL）	总成本感知 VAL1	评价阶段
		企业形象感知 VAL2	
		总服务感知 VAL3	
	游客满意度（CSD）	品牌判断 CSD1	
		景观判断 CSD2	
		人文判断 CSD3	
		体验判断 CSD4	
		服务判断 CSD5	
	游客忠诚度（LOY）	重游意愿 LOY1	后旅游阶段
		推荐意愿 LOY2	
		正向偏好 LOY3	

三、模型验证分析

（一）拟合度分析

本研究构建的特色体育小镇满意度结构模型经过分析调整后由5个潜在变量和16个可测变量组成，对模型运用AMOS 24.0软件运行得到图7-4的模型图和表7-3的配适度参数。其中，显著性检验 $P=0.000$ 表示模型的估计矩阵与数据匹配；卡方/自由度 $=1.883<3$，符合标准；$GFI=0.932$、$AGFI=0.905$、$NNFI=0.954$，都在大于0.9的范围内；RMSEA为 $0.055<0.08$；适配度指标值表明研究提出的模型能够较好地与测试数据拟合。

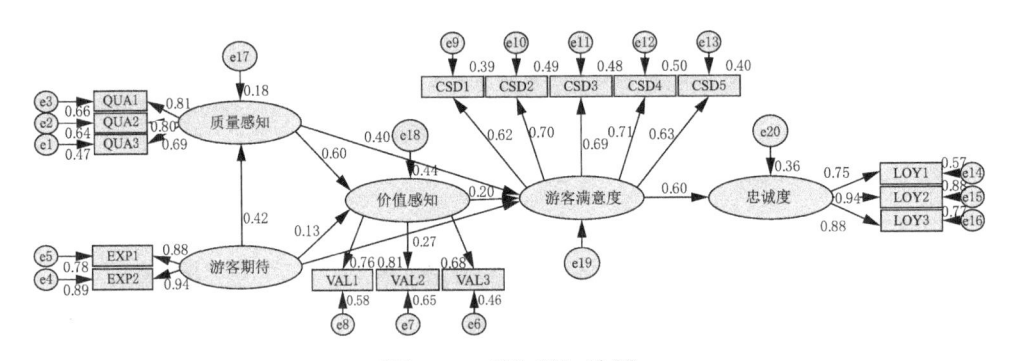

图7-4 特色体育小镇游客满意度模型

表7-3 模型配适度指标

指标	X^2（Chi-square）	CMIN/DF	GFI	AGFI	RMSEA	NNFI
标准值	越小越好	<3	>0.9	>0.9	<0.08	>0.9
结果值	182.625	1.883	0.932	0.905	0.055	0.954

由图7-4可知，模型的标准化因素负荷量都在0.600以上，估计参数的误差方差均为正，模型的各项参数值都在理想范围内，表示模型符合可接受的要求。

模型的收敛效度又称为内部一致性效度，考察模型的标准化路径系数（FL）、多元相关平方（SMC）、组成信度（CR）和平均变异数萃取量（AVE）

是否符合标准，具体为：①FL至少要显著，其值≥0.5，理想值要在0.7以上；②CR大于0.6为可接受的范围；③AVE≥0.5。由表7-4可知，组成信度CR值均大于或接近0.80在可接受的范围之内，除游客满意度=0.451接近0.50的可接受标准，其他维度AVE均大于0.50，因此模型的5个维度均具有良好的收敛效度。

表7-4 完整模型参数分

构面	指标	标准误 S.E.	C.R.	P	标准化因素负荷	SMC	1-SMC	CR组成信度	AVE变异数萃取量
质量感知	QUA1	1			0.686	0.471	0.529	0.811	0.590
	QUA2	0.112	11.415	***	0.799	0.638	0.362		
	QUA3	0.11	11.514	***	0.813	0.661	0.339		
游客期待	EXP1	1			0.941	—	—	—	—
	EXP2	0.072	13.453	***	0.882	—	—		
价值感知	VAL3	1			0.679	0.461	0.539	0.794	0.564
	VAL2	0.099	10.859	***	0.806	0.650	0.350		
	VAL1	0.1	10.589	***	0.762	0.581	0.419		
游客满意度	CSD1	1			0.621	0.386	0.614	0.804	0.451
	CSD2	0.12	9.423	***	0.697	0.486	0.514		
	CSD3	0.123	9.396	***	0.694	0.482	0.518		
	CSD4	0.13	9.522	***	0.707	0.500	0.500		
	CSD5	0.119	8.801	***	0.635	0.403	0.597		
忠诚度	LOY1	1			0.753	0.567	0.433	0.893	0.737
	LOY2	0.075	16.183	***	0.936	0.876	0.124		
	LOY3	0.075	15.624	***	0.876	0.767	0.233		

注：*$P<0.05$；**$P<0.01$；***$P<0.001$。

（二）模型假设检验

表7-5为假设检验结果，可知原假设均得到验证，其中H1、H3、H4、H5

和 H7 达到非常显著水平，H2 和 H6 在 95% 的置信区间达到显著水平，结果显示具有显著的正相关关系，接受原假设[1]。

表 7-5 假设检验结果

模型假设	非标准化因素负荷	标准误 S.E.	C.R.	P	标准化因素负荷	结果
H1 质量感知 <--- 游客期待	0.26	0.044	5.967	***	0.422	支持
H2 价值感知 <--- 游客期待	0.087	0.044	1.988	0.047*	0.132	支持
H3 游客满意度 <--- 游客期待	0.185	0.044	4.17	***	0.273	支持
H4 价值感知 <--- 质量感知	0.638	0.094	6.77	***	0.596	支持
H5 游客满意度 <--- 质量感知	0.439	0.104	4.204	***	0.399	支持
H6 游客满意度 <--- 价值感知	0.208	0.09	2.322	0.02*	0.203	支持
H7 忠诚度 <--- 游客满意度	0.701	0.093	7.544	***	0.604	支持

注：*$P<0.05$；**$P<0.01$；***$P<0.001$。

模型的路径系数表示自变量对因变量的影响大小，SEM 路径系数可将变量的影响力分解为总效果、直接效果与间接效果，其关系是为"总效果=直接效果+间接效果"。间接效果表示某个变量对另一个变量的影响需要通过至少一个中介变量的传递，间接效果回答了直接效果不能反映的重要问题，使总效果的解释能力更完美（表 7-6）。

表 7-6 模型路径系数

	游客期待 总效果	直接	间接	质量感知 总效果	直接	间接	价值感知 总效果	直接	间接	游客满意度 总效果	直接	间接
质量感知	0.422	0.422	0	0	0	0	0	0	0	0	0	0
价值感知	0.383	0.132	0.252	0.596	0.596	0	0	0	0	0	0	0
游客满意度	0.52	0.273	0.246	0.52	0.399	0.121	0.203	0.203	0	0	0	0
忠诚度	0.314	0	0.314	0.314	0	0.314	0.122	0	0.122	0.604	0.604	0

---

[1] 刘志成，钱怡伶. 基于 SEM 模型武陵源生态旅游景区游客满意度研究 [J]. 湖南社会科学，2019（3）：121-127.

1. 游客满意度

质量感知、游客期待、价值感知对游客满意度的路径系数分别为 0.399、0.273、0.203，分别显示三个变量对游客满意度直接效果的大小，质量感知所占比重最大，其次为游客期待，最后为价值感知。从总效果看，游客期待和质量感知的系数均为 0.52，价值感知为 0.203，说明游客更看重对质量的要求，包括对景观、体验和服务的感受和体验，对旅游地的期待和向往度也是构成满意度的重要心理影响因素，若期待与体验成正比则进一步提升游客的满意度。因此，与前两项指标相比，游客的价值感知因素所占比重略低。

游客满意度对忠诚度系数为 0.604，验证了满意度对忠诚度的正向关系。游客在对品牌、景观、人文、服务等体验得到认可后，会进一步表现出强烈的重游意愿、推荐意愿及对旅游地的正向偏好表现，进一步促进后旅游阶段正向效应。

2. 游客期待

游客期待对质量感知的直接效果为 0.422，对价值感知的直接效果为 0.132，充分说明了游客期待在游客满意度中的地位，直接影响游客对质量和价值的感知，应重点考虑游客期待因素，把景观、服务等游客的期待因素通过宣传、口碑更具有吸引力，与完美体验结合，提高游客的满意感。对忠诚度具有间接效果，其值为 0.314，游客期待通过游客满意度影响忠诚度，具有正向效果。

3. 质量感知

质量感知对价值感知的效果为 0.596，显示游客对质量的满意程度显著影响游客的价值感知，要提升游客的价值感应主要从旅游地的质量提升。

由上可知：游客期待对质量感知具有直接作用，对满意度有直接和间接作用两种影响；质量感知对价值感知有直接影响，对游客满意度不仅有直接影响，通过中间作用还产生间接影响，质量感知对满意度的影响最大；价值感知对游客满意度有直接影响，在潜变量中影响作用较小；游客满意度对忠诚度有直接影响，且直接影响较大。

游客期待、质量感知与价值感知是游客满意度的前提变量，均表现出了正相关关系。游客期待、价值感知与质量感知是游客满意度的驱动因素，质量感知对价值感知具有显著的影响。游客忠诚度是满意度的结果变量，当游客体验与游客期望相吻合或得到认可时会产生游客忠诚。同时，要注重长远效益的把握提高游客忠诚度。

本研究依据 CSI 满意度模型理论，借鉴国内外满意度模型构建了特色体育小镇的满意度模型。结合体育特色小镇行业的特征确定了模型潜在变量的测量指标，进而构建了满意度模型的指标体系，通过分析模型潜变量之间的因素负荷量及各测量指标，此外结合模型的结果数据，可知模型适配度良好，测量数据能够与理论数据拟合，表明选取的测量指标合理，特色体育小镇满意度结构模型得到验证。

第八章　中国体育特色小镇空间分类与布局

在全民健身和多产融合的大背景下，国家相继发布一系列通知文件，致力于打造具有区域特色的运动休闲示范区及运动健身产业带。作为特色小镇的一种特殊形态，体育特色小镇已经成为引领我国体育产业发展的新风尚。体育特色小镇是助力全民健身与推动健康中国的新抓手，是继承和发展民族传统体育文化的新媒介，是促进区域产业联动开展的新动力，同时也为脱贫攻坚与新型城镇化发展提供新契机，有利于我国体育产业供给侧改革和健康中国建设实施。收集整理体育类特色小镇中的运动项目，按照陆地、涉水和空中三类进行立体空间划分，分析其空间分布异化规律，以奠定研究特色小镇的产业类型分析基础。以期推动我国体育特色小镇的可持续发展，并为下一步特色小镇的空间布局于建设发展建言献策，提供相应的借鉴与思路。

第一节　体育特色小镇运动项目立体空间分类

2017年，国家体育总局办公厅发布《关于推动运动休闲特色小镇建设工作的通知》，运动休闲特色小镇建设工作正式启动。在经济结构优化基础上合理布局及稳健开展体育特色小镇建设工作，有利于深化体育旅游内涵，促进城乡融合发展，打造高质量区域运动休闲产业带。将运动项目按照陆地、涉水和空中三类进行立体空间划分，以期为系统呈现体育特色小镇运动项目立体空间分类做好准备，为后续体育特色小镇建设提供材料依据。

体育特色小镇是以体育产业为主打，融合旅游、康养、医疗等产业的综合性发展平台，本研究按照体育特色小镇中的体育项目分类标准及体育活动发生位置的立体空间进行海、陆、空细分如下（表8-1）。

表 8-1 特色小镇运动项目立体空间分类表

立体空间分类	项目分类	项 目
陆地项目	山地	探险、登山（徒步登山、攀爬登山、攀登雪山）攀岩、攀石、器械攀登、山地速降、小轮车越野、定向越野、山地速降、滑梯、滑草、岩降、岩跳、溪降、自行车（山地自行车赛、公路自行车赛、公路车长途、倾斜道自行车赛）、赛车、山道行车、摩托车运动、车辆模型、山地速降
	射击	射箭、弓弩、镖弩、气枪、彩蛋野战
	体操	男子双杠、鞍马、肋木、健美操，体育舞蹈，体操（艺术体操、竞技体操）、体育舞蹈、韵律/节奏体操（艺术体操）芭蕾、拉丁、摩登、舍宾运动
	田径	马拉松、跨栏、接力、障碍、竞走、定向运动、铁人三项、三项全能、现代五项全能、跳高、跳远、三级跳、举重、摔跤〔男子自由式（7项）、男子古典式（7项）、女子自由式（4项）〕
	球类	羽毛球、棒球、篮球、排球（沙滩排球、气排球）、足球、垒球、台球、高尔夫球、网球（板网球）、手球、曲棍球、冬季两项软式排球、气排球、保龄球、沙壶球、橄榄球、乒乓球、掷实心球、软式网球、马球、门球、藤球、壁球、地掷球、毽球、板球、皮球
	冰雪	滑冰（短道速滑、速滑花样滑冰、速度滑冰）、雪橇、雪车（钢架雪车）、滑雪（滑板滑雪、越野滑雪、障碍滑雪、跳台滑雪、跳高滑、高山滑雪）、北欧两项（越野滑雪和跳台滑雪）、冰球、冰壶、冰上舞蹈
	极限	跑酷、轮滑、滑板、彩弹野战、探洞（天然洞穴、人工洞穴、水下溶洞）、蹦极、野营露宿、打猎野炊、模拟野战、拓展训练、荒岛生存、高低空绳索
	民族传统	跳绳、击剑、武术（散打）、拳击、射击、柔道、跆拳道、散打、摔跤、木兰拳（含木兰剑、木兰扇等）、箭术、空手道、健身气功、太极、国际象棋、中国象棋、围棋、舞龙、舞狮、桥牌、健美、花样骑术（盛装舞步）、蹦床（弹簧床）、拔河、调查民俗、地质考察、考察古迹、采访奇闻
	休闲养生	散步、行军、暴走、赛马（马术）、信鸽、飞镖、斗鸡、斗牛、毽子、钓鱼、运动保健按摩、耍空竹、钓鱼（塘钓、海钓、钓虾）、捕鱼捉蟹、捉蟮逮鼠、捉虫捕蝶、烧烤烹调、旅游度假、摄影写生
	体育游戏	老鹰捉小鸡、丢手绢、跳格子、到下关、熊瞎捉人、群马混战、打弹子、跳皮筋、刷陀螺、掷杏核、放风筝、秋千、斗草、悠悠球、转转笔、蝴蝶刀、火机、沙袋
涉水运动项目	水上项目	摩托艇（方程式摩托艇竞速赛、方程式摩托艇PK赛、坐式水上摩托竞速赛、立式水上摩托竞速赛、坐式水上摩托水上飞人赛、竞速艇、运动艇、游艇、汽艇、水上摩托车、气垫艇、喷气艇、电动艇、轻艇、飞艇）、赛艇皮、划艇（男子12项静水项目：500米单人皮艇、500米双人皮艇、1000米单人皮艇、1000米双人皮艇、1000米四人皮艇、500米单人划艇、500米双人划艇、1000米单人划艇和1000米双人划艇；急流回转项目：

续表

立体空间分类	项目分类	项　　目
涉水运动项目	水上项目	单人皮艇、单人划艇、双人划艇。女子4项静水项目：500米单人皮艇、500米双人皮艇、500米四人皮艇；急流回转项目：单人皮艇）、帆船、舢板、风帆、泛舟（激流泛舟）龙舟、独木舟（静水竞速、激流竞速）、冲浪（趴板冲浪、风筝冲浪、浅滩冲浪、冲浪板滑水、风浪板）、水上拖伞、立姿划板、划水（单板划水、赤足划水、为固定单板划水）、漂流、垂钓、溪降、航海模型
	水中项目	游泳、蹼泳、花样游泳（自由泳，蛙泳，蝶泳，仰泳，混合泳和接力）、跳水（跳台跳水，跳板跳水）、水球（浅水水球、深水水球）、跳水、划水、水上芭蕾、水中排球、水中健身操、水中曲棍球、水中橄榄球、水道滑水、铁人三项、现代五项、水上求生、水中有氧运动、水中体操、浮潜、同步跳水
	水下项目	潜水（潜泳、水下定向、水下摄影）、水下摄影、竞速潜水、水下橄榄球、自由潜水、水肺潜水、水下曲棍球、水下橄榄球
空中项目	航空	无人机、双座硬翼三角翼飞机、直升机、轻型飞机、航空模型、航天模型
	跳伞	跳伞（双人跳伞；单人跳伞：牵引伞，动力伞）、高空弹跳
	滑翔	滑翔（滑翔伞、滑翔翼、滑翔机）、悬挂滑翔双人动力滑翔伞、双人山坡滑翔伞、飞鼠装滑翔运动
	气球	热气球

第二节　我国体育特色小镇空间布局

"空间布局"是小镇品牌文化和产业集聚的空间结构措施，对其合理布局是建设运动休闲特色小镇的必然要求。2019年，国家体育总局办公厅发布《运动休闲特色小镇试点项目建设工作指南》，明确提出要坚持合理布局，打造产业核心。深入理解体育特色小镇建设的时代价值，运用高程分布研究，整理归纳并直观呈现我国不同类型体育特色小镇的空间分布状况，有利于为特色小镇空间分布规律的探讨提供依据，可为我国体育特色小镇的发展提供参考意见。

一、分布概况

结合我国特色小镇所持不同区域分布情况，按照各省（数据不含港澳台）公布的特色小镇名单目录进行整理如下（表8-2、图8-1）。

表 8-2 我国省级特色小镇数量一览

省份（直辖市、自治区）	山东省	北京市	天津市	河北省	辽宁省	内蒙古	吉林省	黑龙江	上海市	江苏省	安徽省	浙江省	山西省	江西省	福建省	河南省
数量（个）	140	50	43	99	37	29	88	41	16	54	72	132	37	65	63	65
百分比（%）	8.34	2.98	2.56	5.90	2.20	1.73	5.24	2.44	0.95	3.22	4.29	7.86	2.20	3.87	3.75	3.87

省份（直辖市、自治区）	湖北省	湖南省	广东省	广西壮族自治区	海南省	甘肃省	宁夏回族自治区	青海省	陕西省	新疆生产建设兵团	新疆维吾尔自治区	重庆市	四川省	贵州省	云南省	西藏
数量（个）	73	55	62	77	23	42	22	23	47	5	44	38	46	31	32	28
百分比（%）	4.35	3.28	3.69	4.59	1.37	2.50	1.31	1.37	2.80	0.30	2.62	2.26	2.74	1.85	1.91	1.67

注：此表数据不含港澳台。

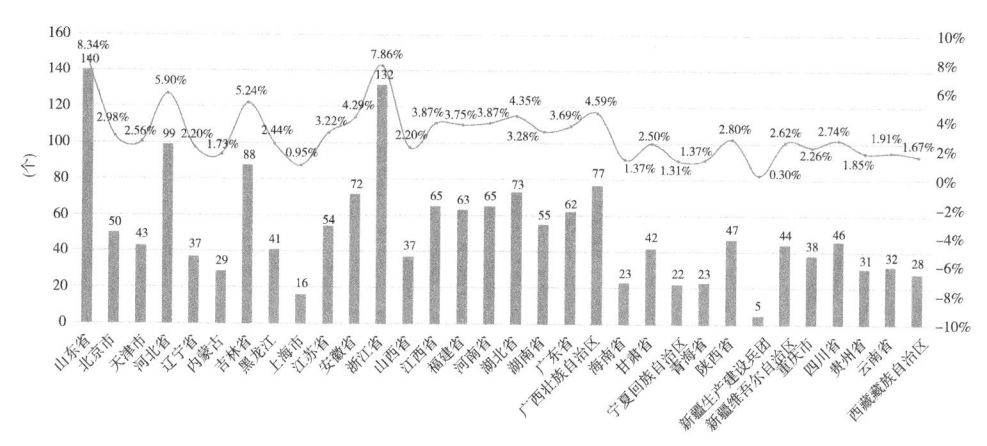

图 8-1 我国省级特色小镇数量一览

综上可知，各省市、自治区和直辖市依据国务院办公厅、住建部、国家体育总局等部门颁布的相关条例分别挖掘本省相关河流、山脉、交通、地域等自然地理资源和人口、经济、文化等社会特点，制定相关评比条件和选拔标准，及时公布了自己的特色小镇名单。

单纯从数量上来看，山东、浙江和河北三省拟建数量较多，除直辖市以外，青海、宁夏虽省域面积较广，但拟建数量较少。说明各省市、自治区和直辖市建设热情较高，均有希望以特色小镇为产业新形态的美好愿景，但因各省资源条件不同，拟建名录数量差别很大，也可能与原有的中国特色传统村落、历史文化名村、历史文化名镇、全国环境优美乡镇、全国特色景观旅游名镇、全国重点镇等建设积淀不够，建设基础薄弱，申报经验不足以及本身的资源匮乏有关。

二、数据来源

本研究根据全国 22 个省、5 个自治区、4 个直辖市及新疆生产建设兵团（港、澳、台数据暂无统计）官方公布的特色小镇名单名录，依据 1674 个单体的坐标信息、高程信息、类型信息和发展情况等建立全国特色小镇空间统计数据库。相关基础数据均来自国家体育总局、国家文化与旅游部、国家基础地理信息中心等公布的官方数据。其中，省市级特色小镇均来自各省市官网公开公布的不同批次的名单数据，全国体育旅游特色小镇单体名录来自国家体育总局和文化与旅游部公布的体育特色小镇评定名录；各特色小镇单体坐标信息、全国的数字高程模型（DEM）和矢量数据等提取并整合自国家基础地理信息中心公布的官方非涉密数据。

三、研究方法

(一) 自然间断点分级法 (Jenks)

自然间断点分级法是一种典型的统计分析法，是根据数值统计分布规律进行分级和分类的统计方法，它能使类与类之间的不同最大化。统计数列往往均具有一定的自然转折和特征点，自然断点分级法利用研究对象的这些似然性特征将其分为不同群组，而这些自然转折点和特征点恰恰是良好的界限。该方法综合考虑研究对象属性信息的极值、均值、中值和标准差等特征，综合计算出分级中断值，该中断值即自然转折点和特征点。

空间自然间断点分级是自然断点分级法的特殊形式，即分级过程中将研究对象的空间坐标信息、高程信息和属性信息等纳入分级体系，对研究对象进行分级。我国特色小镇空间分布分级主要将各小镇所在地的空间高程信息进行自然断点分级，以进一步研究体育特色小镇在三维空间尺度的分异规律。

(二) 空间自相关

一般而言，空间集聚分布与结构研究主要包括分布类型、分布中心、分布密度、集聚特征、空间关联等。点状数据空间分布通常有均匀、随机和集聚三种类型。空间集聚特征一般通过全局空间自相关 Moran's I 值来定量表征空间集聚效应，其表达式为

$$Moran's\ I = n \frac{\sum_{i=1}^{n}\sum_{j=1}^{n} w_{ij}(x_i - \bar{x})(x_j - \bar{x})}{\sum_{i=1}^{n}\sum_{j=1}^{n} w_{ij} \sum_{i=1}^{n}(x_j - \bar{x})^2}$$

式中：x_i、x_j 分别为区域 i、j 中特色小镇的个数；$\bar{x}$ 为均值；w_{ij} 为空间向量矩阵，用来定义各区域的空间关联性；n 为全国特色小镇样本总量。当 Moran's I 值为正且显著时，区域间呈现集聚分布。反之，呈现离散分布。Moran's I 值越大，表明其空间自相关程度越高，值域为 [-1, 1]。空间显著性一般采用 Z 检验，Z 值越大，表明空间集聚性越强，反之越分散。

（三）核密度分析

在已知全国体育特色小镇集聚性的前提下，为继续探讨其空间分异规律，需借助 ArcGIS 工具对研究单元的集聚核心在空间上进行可视化呈现。而核密度估计法普遍认为，事件的发生可以在地理空间的任意位置，但不同区域发生的概率有差异。核密度分析法的定义：假设点集 $x_i \sim x_n$ 被视作总体样本 R 中抽取的点子集，估计 R 在某一点 X 处发生的概率值 $R(x)$。通常采用 Rosenblatt-Parzen 核估计：

$$Rn(x) = \frac{1}{nh} \sum_{i=1}^{n} k\left(\frac{x - x_i}{h}\right)$$

式中，$k\left(\frac{x-x_i}{h}\right)$ 称为核函数；h 为带宽（$h>0$）；$(x-x_i)$ 为估计值点到测量点 x_i 的距离。而核函数和带宽 h 共同决定集聚程度。

四、我国特色小镇空间分布

（一）高程数量分布

将全国 DEM 和特色小镇数据库于 ArcGIS10.1 中进行空间叠加模拟，总统计单体数量为 1674 个，以特色小镇高程数据为基础，利用自然间断点分级法进行分级，得到全国特色小镇高程极值区间为 [-8, 4944] m，均值为 421m，中位数为 126m，标准差为 701。

统计全国范围内不同高程特色小镇的数量有利于甄别我国特色小镇在高程上的立体空间分布指向，从而为国内特色小镇进行空间布局优化提供重要参考。根据上述方法，对我国特色小镇高程数量自然断点分级计算，得到自然转折高程 5 个，中断值分别为 273m、812m、1598m、2895m、4944m，全国特色小镇按高程数量分布如表 8-3 所示：

表 8-3 我国特色小镇高程数量分布统计

高程分段点（m）	-8~273	274~812	813~1610	1611~2895	2896~4944	4945~8848
小镇数量（个）	1077	313	183	71	31	0
百分比	64.33%	18.69%	10.93%	4.24%	1.85%	0

高程分段点（m）	-8~273	274~812	813~1610	1611~2895	2896~4944	4945~8848
累计百分比	64.33%	83.02%	93.95%	98.19%	100%	100%

注：全国高程区间为［0，8848］，制高点为珠峰主峰（海拔8848m）。

根据目前世界公认的地球地形分为：平原、丘陵、山地、高原和盆地五种地貌。由此，分析上述数据可得，全国特色小镇按照海拔梯度高程来看，多集中分布于平原和丘陵地带。其中高程断点分级的第一个段中就有1077个小镇，占全国特色小镇总数的64.33%，下层级有313个，两者累计占比83.02%，具有典型的低海拔聚集性特征；新疆生产建设兵团只有5例，其中2个同属于阿拉尔市，具有特例性。

（二）高程平面分布

将全国的DEM与特色小镇空间分布情况进行模型空间叠加模拟。由结果可知，全国特色小镇分布随地形地貌特征形成由低海拔向高海拔锐减的分布态势，与高程海拔统计分析相一致。另外，利用空间自相关的方法对全部海拔、低海拔和高海拔进行分布密度、集聚特征和空间关联做进一步分析（表8-4）。

表8-4 我国特色小镇空间自相关计算（Moran's I 指数）

区间	Moran's I 指数	Z 值	置信区间	集聚性描述
［0，8848］m	0.0963	1.5893	99%	随机
［0，1610］m	0.1908	2.7816	99%	聚集
［1612，8848］m	0.3217	4.2828	93%	集聚

1. 全部海拔分析

由图 8-2 可知，全国特色小镇的空间自相关 *Moran's I* 值为 0.096，呈现出离散分布态势。一方面说明各省市、自治区和直辖市均具有百花齐放百家争鸣的建设热情；另一方面也说明全国范围内缺少整体规划，重点扶持和特色培育的区域性不明显。因此，也从侧面反映出小镇建设具有一定的盲目性、冲动性和一涌而上的急迫性。

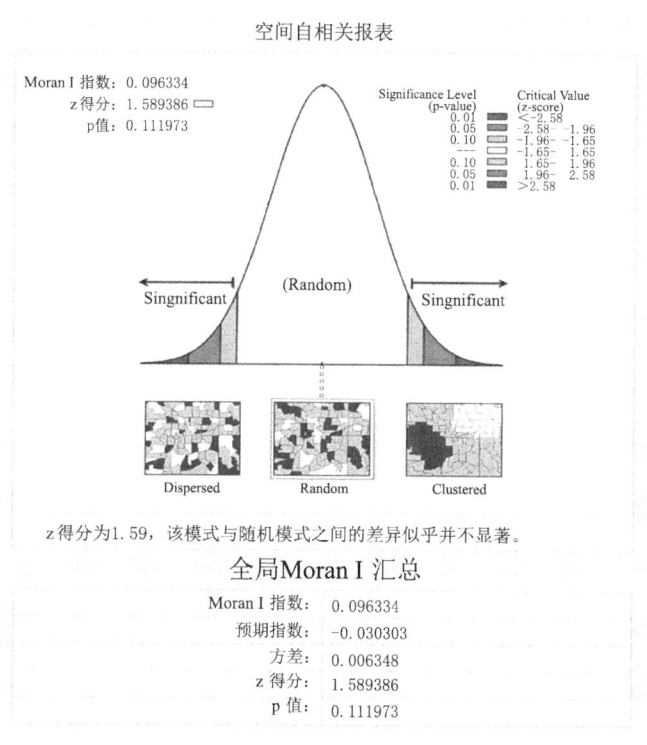

图 8-2 全国特色小镇全海拔空间自相关聚集效应

2. 低海拔分析

由图 8-3 可知，低海拔地区空间自相关 *Moran's I* 值为 0.1908，Z 值得分为 2.782，具有明显的集聚特征。说明虽然低海拔区域面积广，但因小镇数量众多，在空间自相关上具有聚集形态。

空间自相关报表

Moran I 指数: 0.190827
z 得分: 2.781688
p 值: 0.005408

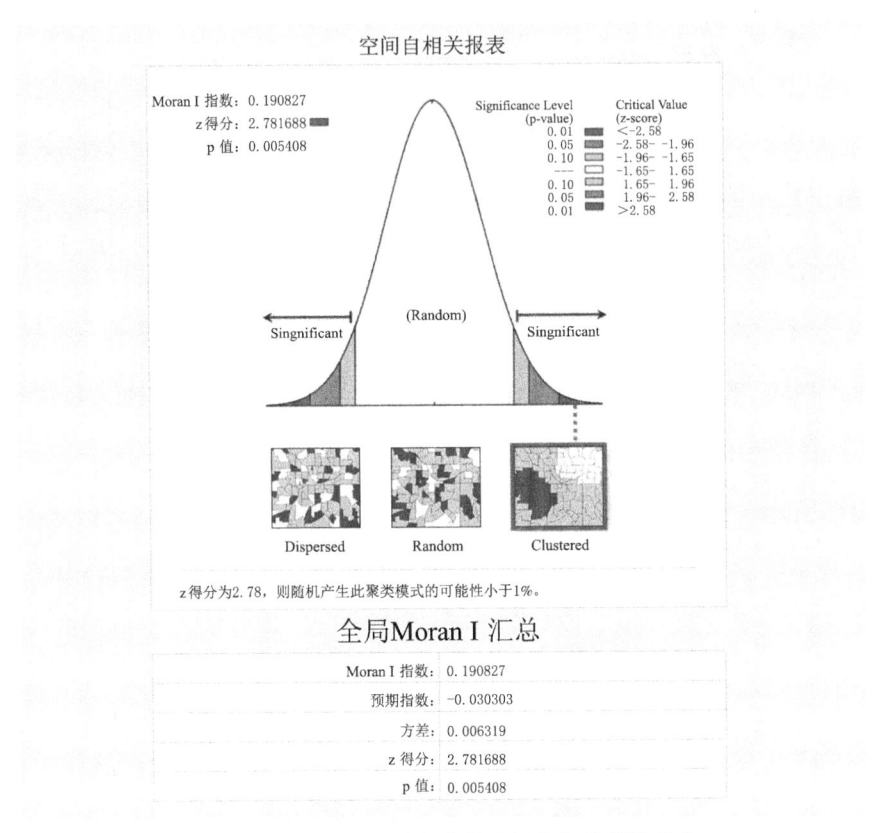

z 得分为2.78，则随机产生此聚类模式的可能性小于1%。

全局Moran I 汇总

Moran I 指数	0.190827
预期指数	-0.030303
方差	0.006319
z 得分	2.781688
p 值	0.005408

图 8-3 全国特色小镇低海拔空间自相关聚集效应

3. 高海拔分析

由图 8-4 可知，高海拔地区空间自相关计算的 *Moran's I* 值为 0.3217，Z 值得分为 4.2828，亦具有空间聚集特征。相比较低海拔地区的空间自相关，其 *Moran's I* 值和 Z 值得分均较高，其聚集响应更强，聚集特征更明显。高海拔地区特色小镇数量少但聚集效应高的原因可能是，相对较少数量的小镇在局限范围内的高度集中所致，如新疆生产建设兵团共 5 个特色小镇，其中 2 个集中在阿拉尔市。

空间自相关报表

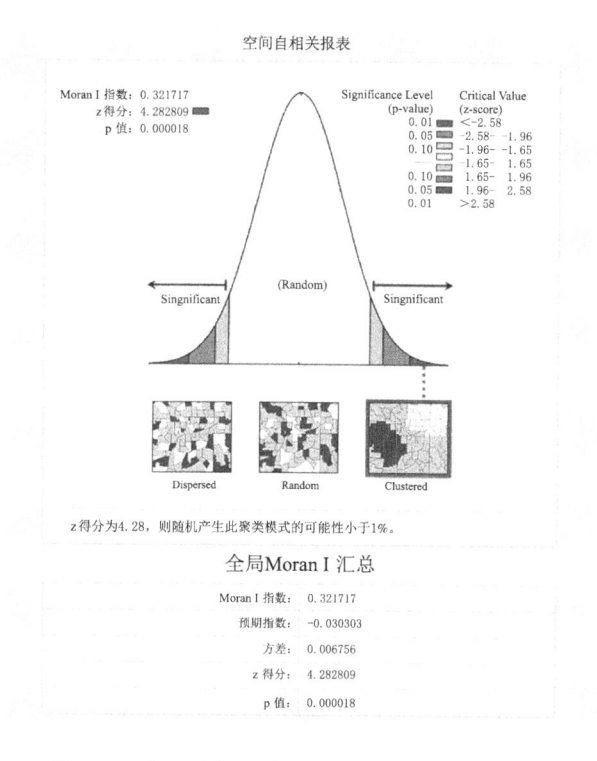

Moran I 指数: 0.321717
z 得分: 4.282809
p 值: 0.000018

z 得分为 4.28，则随机产生此聚类模式的可能性小于 1%。

全局 Moran I 汇总

Moran I 指数: 0.321717
预期指数: -0.030303
方差: 0.006756
z 得分: 4.282809
p 值: 0.000018

图 8-4　全国特色小镇高海拔空间自相关聚集效应

（三）高程类型分布

根据全国特色小镇的产业性质，把特色小镇进行类型划分，主要分为：历史文化型、产业服务型、参与体验型、休闲康养型、信息智慧型、时尚生态型、生产制造型七种类型。用空间自相关对特色小镇的类型进行分析后得到各种类型小镇的集聚性分布数据（表 8-5）。

表 8-5　全国特色小镇类型空间自相关值统计

类型	数量	Moran's I 指数	Z 值	置信区间	集聚性描述
历史文化型	261	0.006	0.457	93%	随机
产业服务型	274	0.117	1.847	94%	随机
参与体验型	70	-0.117	-1.087	97%	随机
休闲康养型	210	0.2740	3.792	99%	集聚
信息智慧型	91	0.102	2.015	96%	集聚

续表

类型	数量	Moran's I 指数	Z 值	置信区间	集聚性描述
生态时尚型	356	0.196	2.80	99%	集聚
生产制造型	413	0.056	1.85	97%	随机

为进一步分析不同类型特色小镇的空间分布特征，本研究试图在拆解不同类型小镇的基础上，利用 ArcGIS10.1 分析工具对各类型体育特色小镇的空间分布情况进行直观呈现，分析其空间分布异化规律，为特色小镇影响因素和分布规律的探讨奠定基础。

1. 历史文化型

我国历史文化型特色小镇的分布主要以中东部为主（图 8-5），尤其是中部具有明显的聚集性特征，这与我国悠久的历史有密切的关联，自山东、河南至西安、成都连线及连线东侧区域是中华文化的发祥地，其厚重的历史积淀是历史文化型特色小镇的主要产业特色。

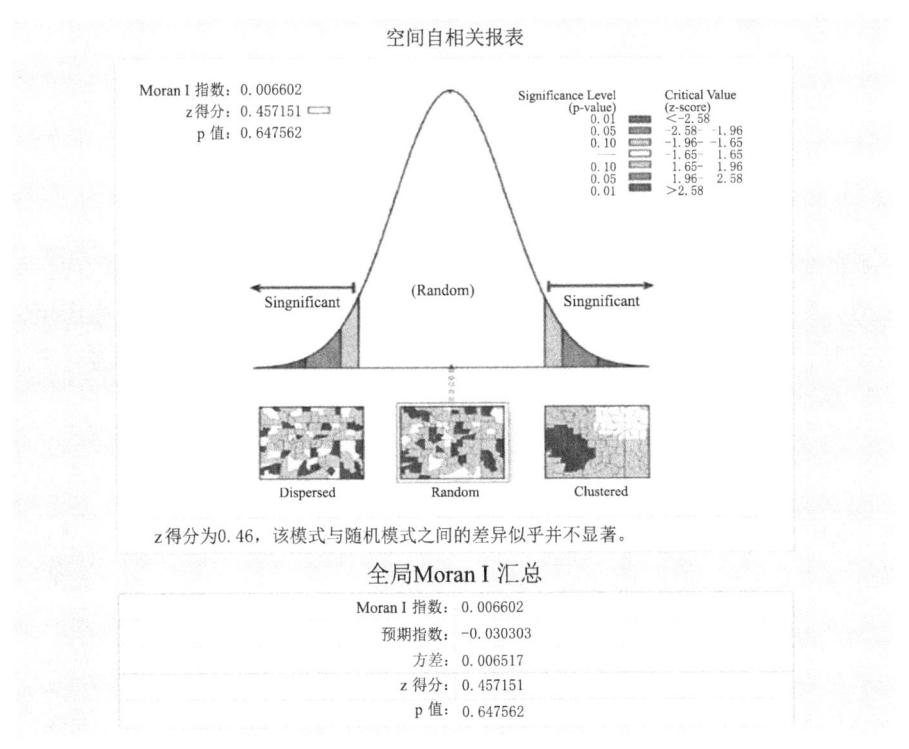

图 8-5　历史文化型特色小镇空间自相关特征

2. 产业服务型

我国的产业服务型特色小镇主要集中分布于北京和上海两大经贸集散地（图8-6），海南省虽然省域面积相对较小，但从产业服务型特色小镇数量上具有明显集中性。经分析，这种聚集特征可能与北京和上海的具有较强的产业服务能力和强劲的产业示范作用有关，这与海南省2018年建立的"中国（海南）自由贸易试验区"有关。

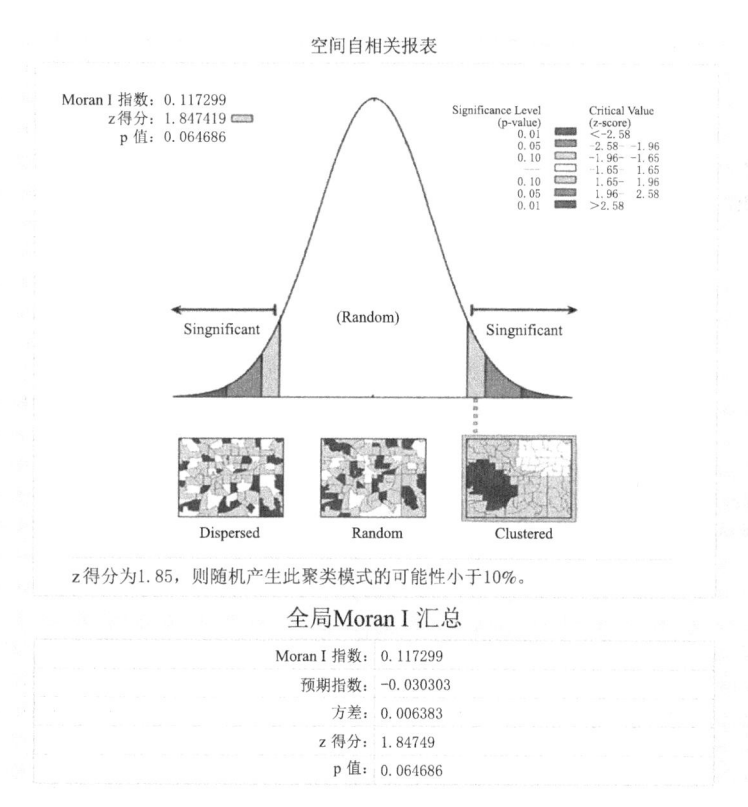

图8-6 产业服务型特色小镇空间自相关特征

3. 参与体验型

参与体验型多是参赛、观赛、极限等体育体验类为主的特色小镇，相对数量较少，全域分布具有离散或点状分布特征，既分布在高海拔区域，也散布于低海拔区域（图8-7），这可能与该产业的猎奇、刺激和高峰体验的要求有密切关系。

空间自相关报表

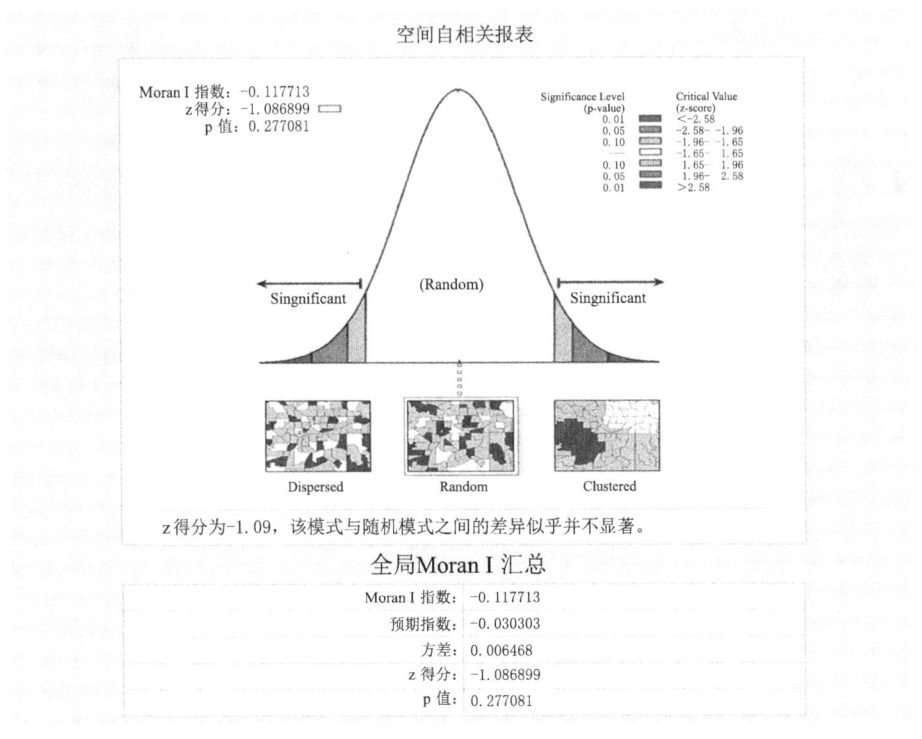

Moran I 指数: -0.117713
z 得分: -1.086899
p 值: 0.277081

z 得分为-1.09，该模式与随机模式之间的差异似乎并不显著。

全局Moran I 汇总

Moran I 指数:	-0.117713
预期指数:	-0.030303
方差:	0.006468
z 得分:	-1.086899
p 值:	0.277081

图 8-7　参与体验型特色小镇空间自相关特征

4. 休闲康养型

休闲康养型特色小镇主要分布在我国中东部地区（图 8-8），以地理界著名的"胡焕庸线"为界，线东南地区空间聚集性特征明显，其中尤以沿海岸线聚集性较高。因为"胡焕庸线"是区分我国资源、人口、经济、气候等的文明线和人类生存的适宜线，该线东南部分优良的康养资源禀赋和丰厚的经济基础是休闲康养小镇建设和发展的前提，也是该类型产业小镇空间布局的先决条件。

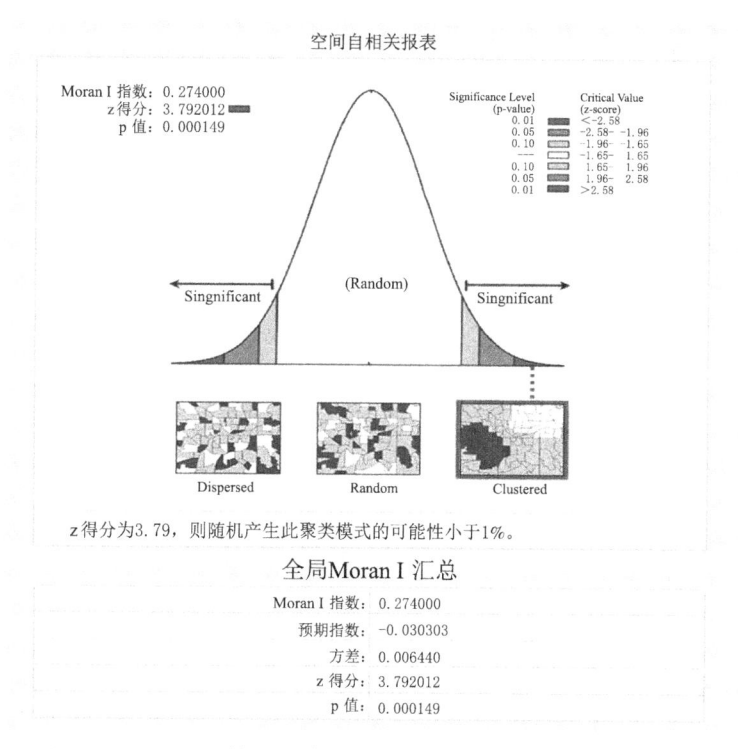

图 8-8　休闲康养型特色小镇空间自相关特征

5. 信息智慧型

信息智慧型小镇的空间分布具有较强的聚集性特征，主要以上海、江浙和京津冀地区为主（图 8-9），是典型的"点"状特征，目前还不具备"轴"式发展趋势。这反映出上述省市雄厚的数字化技术是信息智慧型小镇建设的重要支撑，更是中国信息化发展的数字硅谷地带和科技创新高地。

空间自相关报表

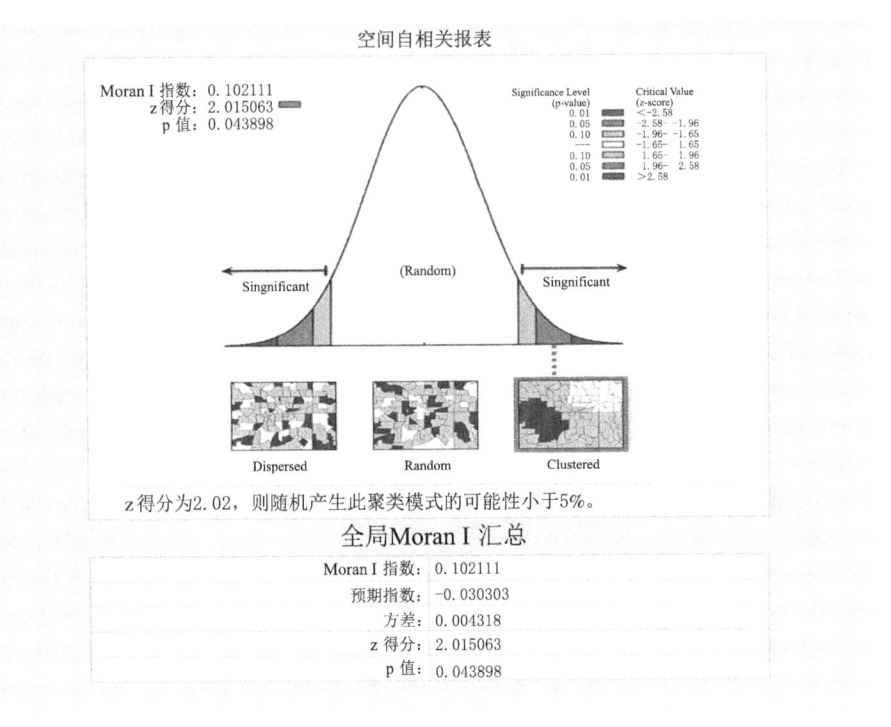

Moran I 指数: 0.102111
z 得分: 2.015063
p 值: 0.043898

z 得分为2.02，则随机产生此聚类模式的可能性小于5%。

全局Moran I 汇总

Moran I 指数:	0.102111
预期指数:	-0.030303
方差:	0.004318
z 得分:	2.015063
p 值:	0.043898

图 8-9 信息智慧型特色小镇空间自相关特征

6. 生态时尚型

生态时尚型特色小镇主要集中布局在以上海为中心的江浙沪安徽三省一市长三角区域（图8-10），形成了明显的集群化发展态势，这与这些省市的优越的经济条件和丰厚的自然资源有密切关系。另外，其信息化程度和生产制造能力等现代化服务也是生态时尚型小镇发展的主要依托软环境。

空间自相关报表

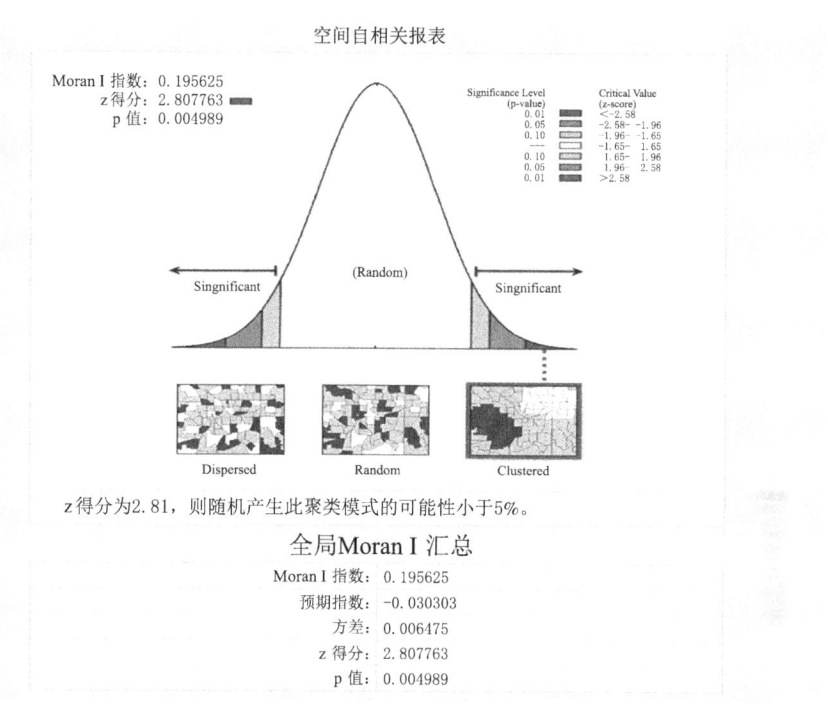

Moran I 指数: 0.195625
z 得分: 2.807763
p 值: 0.004989

z 得分为 2.81,则随机产生此聚类模式的可能性小于 5%。

全局 Moran I 汇总

Moran I 指数: 0.195625
预期指数: -0.030303
方差: 0.006475
z 得分: 2.807763
p 值: 0.004989

图 8-10 生态时尚型特色小镇空间自相关特征

7. 生产制造型

生产制造型特色小镇的空间布局呈现出明显的"区—块"特征（图 8-11），主要以京津冀、浙江省、山东省和吉林省为主。经分析认为，可能与上述省市悠久的生产制造能力基础有关；另外，该区域及时结合现代高端领域的技术创新和积极推进国家自由贸易区建设，强化高端装备制造和提升现代物流也为生产制造型特色小镇建设和发展提供了便利条件。

空间自相关报表

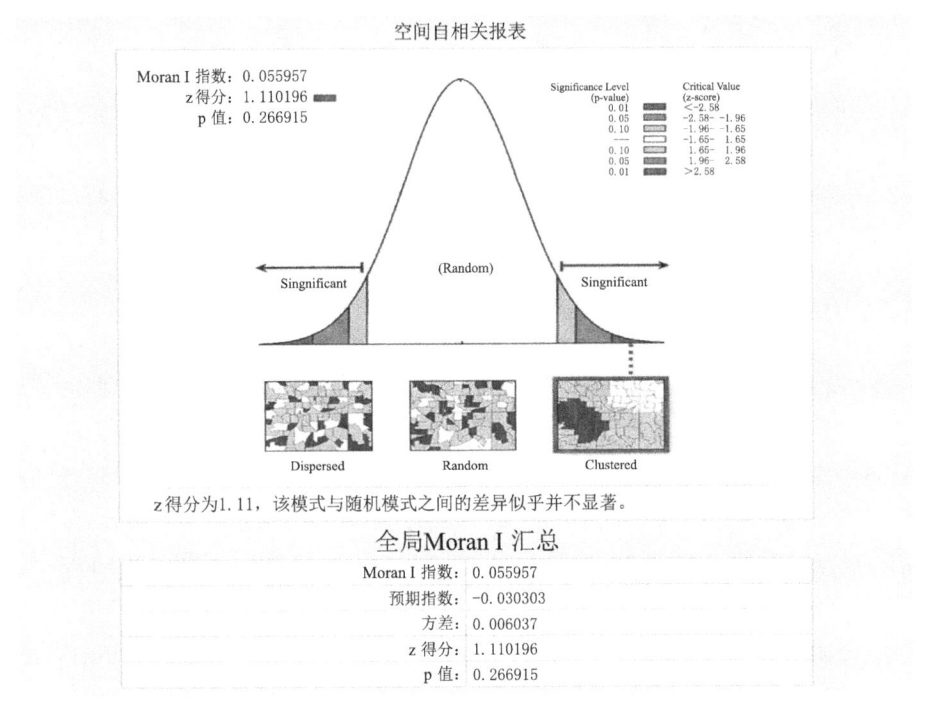

Moran I 指数：0.055957
z 得分：1.110196
p 值：0.266915

z 得分为 1.11，该模式与随机模式之间的差异似乎并不显著。

全局 Moran I 汇总

Moran I 指数：0.055957
预期指数：-0.030303
方差：0.006037
z 得分：1.110196
p 值：0.266915

图 8-11　生产制造型特色小镇空间自相关特征

根据上述结果发现，我国特色小镇产业类型不同空间分布情况差异较大。其中，休闲康养型、信息智慧型、时尚生态型三种产业类型具有明显的空间集聚特征。由此，可以推断信息化时代下智慧型、云联网等小镇的建设和发展较快，异军突起。另外，面对老年社会的到来和社会生活质量的提高，社会大众对健康和生活满意度的需求旺盛，所以休闲康养和时尚生态型小镇的建设和发展具有较大的社会市场，且建设数量众多，空间自相关性表现出明显的聚集性。其他四种类型却表现出空间布局的随机性原因可能与我国小镇建设历史底蕴不足，发展基础薄弱，产业类型受众少有关。

第九章 我国体育特色小镇发展案例研究
——以山东省为例

中国城乡接合部拥有广袤的空间和丰富的资源，是实现美丽中国梦的诗和远方。针对城乡平衡发展问题，我国从党的十六大就提出"城乡统筹"的要求，党的十七大和十八大分别提出"城乡一体化"的战略方针，党的十九大报告明确提出"城乡融合"发展新理念。结合我国城市化发展特点和国家政策需要，坚持问题导向，立足本土实践，深入探究我国的"小城镇，大问题"，并积极探讨体育主题特色小镇的"小空间，大战略"发展机制问题，可有效避免"重城轻乡"的思维固势，为实现复杂问题的有限求解提供建设性建议，为打破城乡发展失衡状态和各自为政的局面，建立一种交叉融合、跨区联动、边界互认的具有新型城乡关系的平衡业态提供经验借鉴。以山东省体育特色小镇的空间实践为例，进行实地调研和镇域考察对其空间布局相关发展因素分析，探讨山东省体育特色小镇在乡村振兴战略背景下新旧动能转换机制，明晰山东省体育特色小镇在引领新兴体育产业动态串联聚合演化模式。为我国体育特色小镇实现城乡体育产业的区域联动、边界融合、产业共振、成果共享发展提供可靠的分析背景。

第一节 山东省特色小镇政策环境研究

为全面贯彻国家特色小镇建设的要求，响应国家乡村振兴大战略，山东省结合本省资源条件和产业布局实际，充分利用本身区位优势，有效发挥城乡交错带行业特点，深入挖掘城乡接合部产业资源，加快推进新型城镇化建设，补齐乡村产业发展短板，推动城乡接合部产业加速聚集，积极营造特色小镇投资氛围，主动创造特色小镇政策环境，致力打造特色小镇建设基础。

一、山东省特色小镇省级政策

山东省紧紧把握新旧动能转换的关键期，积极推进体育产业供给侧结构性改革，提升城市产能有效供给，开发和完善产业新动能，加速培育产业新业态，形成体育产业综合性发展新平台，制定一系列切实可行的特色小镇发展政策。在实施方案中明确提出"创建目标""创建标准""创建内容""创建程序""政策措施"和"组织领导"这六部分（图9-1）。

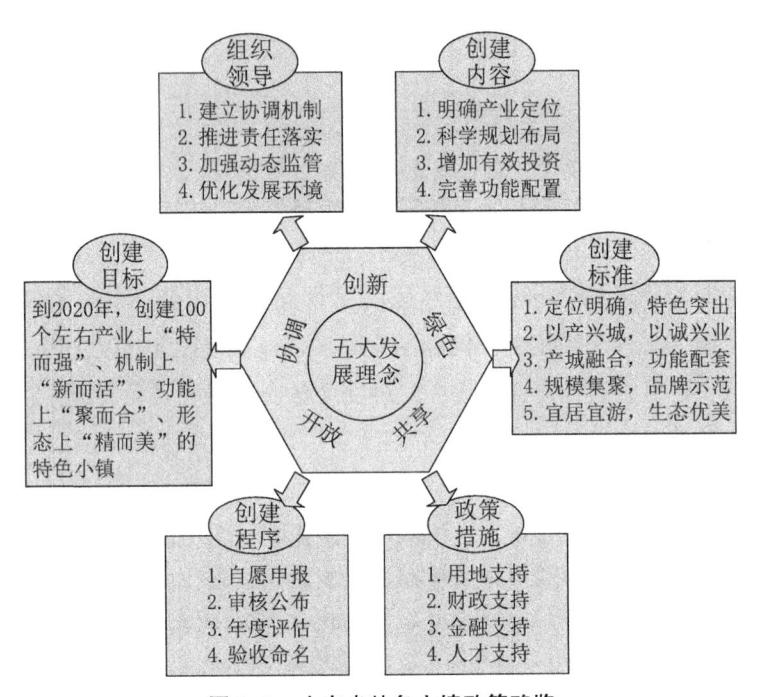

图9-1 山东省特色小镇政策略览

目前，山东省出台针对小镇的政策大多数是引导性政策，对纳入创建名单的55个省级特色小镇在规划编制、基础设施、产业园区、公共服务平台建设等方面的支持仅有1.1亿元的启动资金，相较于国家级小镇，单在政策性低息贷款方面的扶持力度就相差甚多。

二、山东省部分地市级政策

山东省各地市针对特色小镇的建设规划制定了相关扶持政策（表9-1），以青岛、烟台、德州、滨州、日照等城市为例，分别从目标、理念方向、资金投入三大方面进行规划设计。在目标方面，各地市充分挖掘自由资源和文化特质，结合国家要求，致力打造兼具行业特征和产业特质的特色小镇，将特色小镇建设为新型众创平台，打造具有核心竞争力的特色小镇产业和品牌，使其在城市规划建设中创造一定的效益比例；在理念方面，以可持续发展为主要演进脉络，聚焦"绿色、环保、新兴、效益"等环境和经济理念，推动特色小镇旅游化、生态化、产业化，实现特色小镇旅游、生态、文化和产业有机结合，实现效益、绿色、生活融合发展；在资金支持方面，建立专项资金，搭建融资平台，形成自上而下全覆盖资金支持网络体系，优化产业机构，提升服务效率，发展特色经济，引导建设形成具有市场竞争力和可持续发展产业体系的特色小镇。

表9-1 山东省部分地市特色小镇政策

地市	年份	政策文件	目标	理念方向	资金投入
青岛	2016	《关于加快特色小镇规划建设的意见》	50个：其中省市级20个，区、市级特色小镇约30个	"蓝色、高端、新兴"	市财政投入10亿元；特色镇发展基金50亿元
烟台	2017	《关于开展烟台市服务业特色小镇试点的通知》	培育服务业特色小镇	服务业占50%	
德州	2017	《德州市人民政府办公室关于印发德州市创建市级特色小镇实施方案的通知》	到2020年创建10个	"绿色、循环、低碳"	4年12亿元，每年不少于3亿元
滨州	2017	《滨州市人民政府办公室关于培育创建特色小镇的通知》	到2020年创建7个	"绿水青山就是金山银山"	省级5年30亿元，每年不少于6亿元。县区5年25亿元，每年不少于5亿元
日照	2017	《日照市人民政府办公室关于培育创建特色小镇的实施意见》	2022年创建省级4个，市级6个，县级10个		省级5年30亿元，每年不低于6亿元。市级5年20亿元，每年4亿元

特色小镇的建设运营是一个复杂的系统工程，涉及多部门多领域多主体的协调分工合作，其健康、可持续发展离不开健全的综合协调机制保驾护航（表9-2）。特色小镇作为一个具有文化定位的发展平台，需要各地市相关文化部门加强政策引导，立足本土自然与文化资源，挖掘本地特色文化，丰富特色小镇的文化内涵，找寻发展之魂；特色小镇作为一方具有特色产业的区域生产力发展空间，需要市发改委、财政局、金融办等部门加强联动，跨域合作，通过前瞻的顶层设计，坚持政府引导、市场参与、企业运作的发展模式，以优异的资源配置筑巢引凤，做大做强特色小镇这块优质产业蛋糕，提高自身造血能力，寻找发展之本；同时特色小镇作为一种融合发展理念下的旅游新业态，其发展离不开各地市旅游局、规划局等部门各尽其职，发挥出旅游领域"一业兴百业"的产业特点，高起点、高要求规划小镇发展布局，多规合一，优化小镇发展空间，寻找发展之道。与此同时，需要统计局测算好特色小镇的产出效益，动态监测特色小镇综合发展效率，特色小镇的绿色发展也同样离不开环保部门的监督，科技部门更是特色小镇实现创新发展的后勤保障，农业部门还是实现特色小镇助力乡村振兴的重要桥梁。

表9-2 山东省各地市特色小镇组织实施机构与职责

序号	机构	职责任务
1	城镇化工作领导小组办公室	特色小镇创建工作的统筹、协调
2	市委农工办	指导结合美丽乡村标准化建设创建特色小镇工作
3	市发改委	指导特色小镇深化投融资体制改革，研究采取PPP等方式推进特色小镇建设
4	市财政局	做好特色小镇财政扶持政策的审核和兑现
5	市住房城乡建设局	指导特色小镇基础设施建设和工程建设项目实施
6	市规划局	指导特色小镇的规划编制和评估
7	市国土资源局	做好特色小镇用地扶持政策的审核和兑现工作
8	市环保局	指导特色小镇污染防治和生态环境建设
9	市统计局	配合提供特色小镇创建工作监测、考核指标数据
10	市经信委	指导特色小镇的产业转型升级工作
11	市商务局	指导特色小镇电子商务产业发展，牵头指导电商类特色小镇建设

续表

序号	机构	职责任务
12	市科技局	指导特色小镇的科技创新工作，牵头指导创新研发类特色小镇建设
13	市民政局	指导健康养老类特色小镇建设
14	市卫生计生委	指导生物医药、医疗保健类特色小镇建设
15	市农业局	指导农业产业类特色小镇的建设
16	市文广新局	负责特色小镇文化内涵的挖掘和打造
17	市旅发委	指导特色小镇4A级景区创建工作、指导旅游类特色小镇建设
18	市金融办	指导金融类特色小镇建设发展

山东省在相关政策中明确规定了政府各部门的责任义务。通过压实各方职责，充分调动起各部门工作积极性，增强各部门的交流与合作，实现各方资源要素之间的充分整合利用，打通特色小镇建设落地实践的最后一公里，打造共建共享的特色小镇运营模式，构建科学有效的特色小镇治理体系。

第二节 山东省特色小镇空间布局研究

山东省是齐鲁文化发源地，更是中华传统文化的发祥地之一，深受其儒家文化影响的古村镇文化底蕴丰厚，数量众多。2016年，山东省政府提出"以人为核心"积极培育和建设特色小镇的新型城镇化目标，努力使特色小镇成为山东省实施新旧动能转换，促进城乡融合发展，推动乡村振兴的区域经济新的增长极。因此，有必要对山东省特色小镇空间分布进行深入探讨，为研究我国体育特色小镇发展提供参考与思路。

一、山东省特色小镇空间分布数据来源

本研究将山东省公布的三批次共计140家特色小镇单体的坐标信息、高程信息、类型信息和发展情况等建立空间统计数据库。基础数据均来自国家文化与旅游部、国家基础地理信息中心和山东省人民政府官方网站等公布的数据。特色小镇坐标信息、山东省数字高程模型（DEM）和矢量数据等提取并整合自国家基础地理信息中心公布的官方非涉密数据。

二、山东省特色小镇空间分布研究方法

(一) 自然间断点分级法 (Jenks)

自然间断点分级法（Jenks）是一种典型的统计分析法，是根据数值统计分布规律进行分级和分类的统计方法，它能使类与类之间的不同最大化。统计数列往往均具有一定的自然转折和特征点，自然断点分级法利用研究对象的这些似然性特征将其分为不同群组，而这些自然转折点和特征点恰恰是良好的界限。该方法综合考虑研究对象属性信息的极值、均值、中值和标准差等特征，综合计算出分级中断值，该中断值即自然转折点和特征点。

空间自然间断点分级是自然断点分级法的特殊形式，即分级过程中将研究对象的空间坐标信息、高程信息和属性信息等纳入分级体系，对研究对象进行分级。山东省特色小镇空间分布分级主要将各小镇所在地的空间高程信息进行自然断点分级，以进一步研究特色小镇在三维空间尺度的分异规律。

(二) 空间自相关法

一般而言，空间集聚分布与结构研究主要包括分布类型、分布中心、分布密度、集聚特征、空间关联等。点状数据空间分布通常有均匀、随机和集聚三种类型。空间集聚特征一般通过全局空间自相关 Moran's I 值来定量表征空间集聚效应，其表达式为：

$$Moran's\ I = n \frac{\sum_{i=1}^{n}\sum_{j=1}^{n} w_{ij}(x_i - \bar{x})(x_j - \bar{x})}{\sum_{i=1}^{n}\sum_{j=1}^{n} w_{ij} \sum_{i=1}^{n}(x_j - \bar{x})^2}$$

式中：x_i、x_j 分别为区域 i、j 中特色小镇的个数；$\bar{x}$ 为均值；w_{ij} 为空间向量矩阵，用来定义各区域的空间关联性；n 为特色小镇样本总量。当 Moran's I 值为正且显著时，区域间呈现集聚分布。反之，呈现离散分布。Moran's I 值越大，表明其空间自相关程度越高，值域为 [-1, 1]。空间显著性一般采用 Z 检验，Z 值越大，表明空间集聚性越强，反之越分散。

（三）核密度分析法

在已知山东省特色小镇集聚性的前提下，为继续探讨其空间分异规律，需借助 ArcGIS 工具对研究单元的集聚核心在空间上进行可视化呈现。而核密度估计法普遍认为，事件的发生可以在地理空间的任意位置，但不同区域发生的概率有差异。核密度分析法的定义是假设点集 $x_i \sim x_n$ 被视作总体样本 R 中抽取的点子集，估计 R 在某一点 X 处发生的概率值 $R(x)$。通常采用 Rosenblatt-Parzen 核估计：

$$Rn(x) = \frac{1}{nh} \sum_{i=1}^{n} k\left(\frac{x-x_i}{h}\right)$$

式中，$k\left(\frac{x-x_i}{h}\right)$ 称为核函数；h 为带宽（$h>0$）；$(x-x_i)$ 为估计值点到测量点 x_i 的距离。而核函数和带宽 h 共同决定集聚程度。

三、山东省特色小镇空间分布现状分析

（一）高程数量分布

将山东省 DEM 和特色小镇数据库于 ArcGIS10.1 中进行空间叠加模拟，以特色小镇高程为基础，利用自然间断点分级法进行分级，得到山东省特色小镇高程极值区间为 [0, 685] m，均值为 65m，中位数为 39m，标准差为 92 m。

统计不同高程范围特色小镇的数量有利于判别山东省小镇在高程上的空间分布指向，从而为山东省小镇空间布局优化提供重要参考。山东省特色小镇按高程数量自然断点分级计算，得到自然转折高程 5 个，分别为 34m、81m、159m、320m、685m，表 9-3 是山东省特色小镇高程数量分布。

表 9-3　山东省特色小镇高程数量分布

高程分几段点	0~34m	35~81m	82~159m	160~320m	321~685m	686~1545m
百分比	47.48%	28.78%	15.11%	7.19%	1.44%	0
累计百分比	47.48%	76.26%	91.37%	98.56%	100%	100%

注：山东省高程区间为 [0, 1545] m，制高点为泰山主峰（海拔 1545m）。

数据分析可得，特色小镇大多分布于［0，81］m，占总数的76.26%；而海拔超过321m的数量为2，仅占总数的1.44%。表明山东省特色小镇主要分布于海拔较低的平原区或低矮丘陵地区，而在海拔较高的地区分布较少。这可能与山东省一峰独高的地理特点和滨海低海拔的区位位置有关系。

(二) 平面空间分布

将山东省DEM与体育特色小镇空间分布情况进行模型空间叠加模拟，由（图9-2）可知，山东省特色小镇分布随地势形成典型的两大典型区：鲁中、鲁东半岛山区集聚区；鲁北、鲁西平原集聚区。

为客观评价特色小镇空间集聚情况，采用空间自相关 Moran's I 指数评价。分别计算［0，1545］m、［0，81］m、［82，1545］m的特色小镇高程指数（表9-4）。

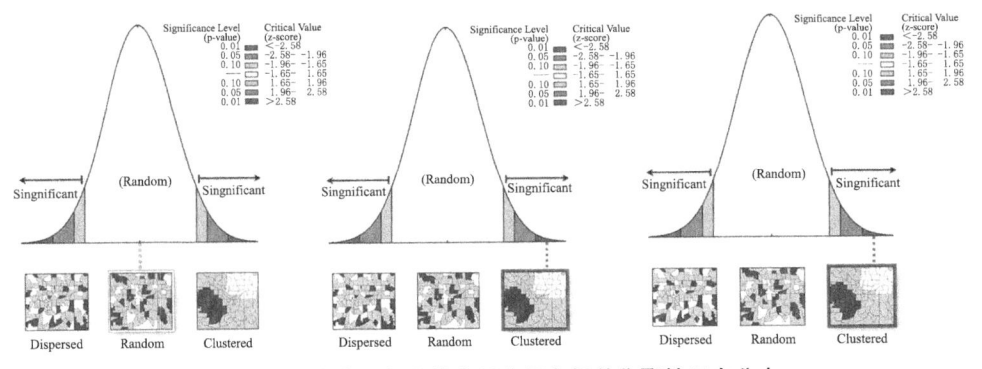

图9-2　山东省特色小镇全局空间自相关集聚性正态分布

表9-4　山东省特色小镇空间自相关指数（Moran's I 指数）

区间	Moran's I 指数	Z 值	置信区间	集聚性描述
［0，1545］m	0.368	11.64	99%	显著集聚
［0，81］m	0.297	6.90	99%	显著集聚
［82，1545］m	0.095	2.30	95%	集聚

总体来看，山东省特色小镇 Moran's I 值为正（正相关），Z 检验结果呈现正值且较大，表明山东省特色小镇呈现显著的空间集聚性分布特征；通过高程切片分析，［0，81］m Moran's I 值较总体变低（0.297），但其于99%置信区间内呈现显著的集聚特征，就空间分布看，主要分布于鲁西、鲁北平原地区；［82，1545］m，

Moran's I 值虽然为正值，但指数值显著降低，呈现较弱的空间集聚特征，空间尺度上，主要分布于鲁中山区和半岛丘陵地区。

(三) 类型空间分布

根据山东省特色小镇特色类型进行分类，主要有生产制造型特色小镇、休闲度假型特色小镇、特色农业型特色小镇、康体养生型特色小镇、产业服务型特色小镇和参赛观赛型特色小镇六种类型。通过对特色小镇空间自相关分析，得到不同类型小镇的集聚性分布表（表9-5）。

表9-5 山东省特色小镇类型空间自相关计算

类型	数量（个）	Moran's I 指数	Z 值	置信区间	集聚性描述
生产制造型	43	0.533	4.77	99%	显著集聚
休闲度假型	43	0.019	0.469	—	集聚性不显著
特色农业型	11	0.675	2.427	95%	集聚
康体养生型	18	0.351	2.519	95%	集聚
产业服务型	21	0.085	0.982	—	集聚性不显著
参赛观赛型	4	-0.232	0.389	—	集聚性不显著

结果发现，山东省特色小镇的空间集聚性按集聚类型不同表现出不同的显著性。其中，生产制造型特色小镇呈现显著的集聚性，特色农业型和康体养生型特色小镇呈现较弱的集聚性，而休闲度假型、产业服务型和参赛观赛型呈现典型的空间离散。因此，为确定山东省特色小镇空间分布特征，需从不同类型的空间分布情况入手，分析山东省特色小镇空间分布特征。

山东省特色小镇空间分布呈现较强的相关性且集聚特征明显，但由各类型特色小镇的空间分析得到其空间集聚性特征存在较强的差异性。因此，本课题试图在特色小镇类型拆解的基础上，通过ArcGIS10.1分析工具对各类型特色小镇的空间分布情况进行直观呈现，分析其空间分布异化规律，为特色小镇影响因素的探讨奠定基础。

1. 生产制造型特色小镇

山东省制造型小镇空间分布 *Moran's I* 指数为0.533，Z 检验值为4.77，呈现较为显著的集聚性（图9-3）。将山东省主要公路线与铁路线叠加后，以交通线建立20km缓冲区，山东省制造型特色小镇空间上沿主要交通线分布。究其原因，交通通达性是产品快速集散的决定性因素，也是企业投资评估的重要区位要素，制造型特色小镇由于小镇产业结构特征，其必须依托良好交通条件，才能高效沟通买家市场，实现利润最大化。因此，制造型特色小镇呈现沿交通线集聚的空间分异特征。

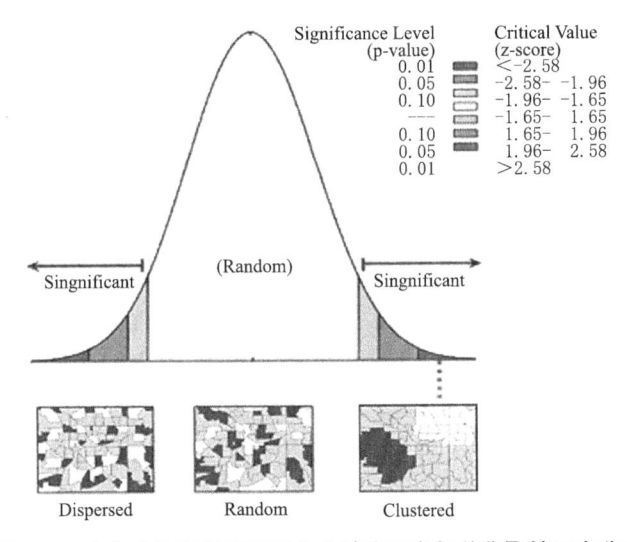

图9-3 山东省生产制造型特色小镇空间自相关集聚性正态分布

2. 休闲度假型特色小镇

山东省休闲度假型特色小镇空间自相关 *Moran's I* 指数为0.019，Z检验值为0.469，集聚性不显著（图9-4）。山东省休闲度假型特色小镇空间分布，以鲁西与鲁北平原地区为主，少量分布于鲁中丘陵地区，由空间自相关结果表明其不具有显著的相关性。表明其空间分布受水系与交通线两个要素共同影响。这与该类型特色小镇的产业特点有关，休闲度假的主要目的是逃离拥挤城市的生活状态和快速节奏的工作压力，离群索居休闲僻静和度假静修的旅居环境。因此，该类型特色小镇不具有空间分异的集聚性特点。

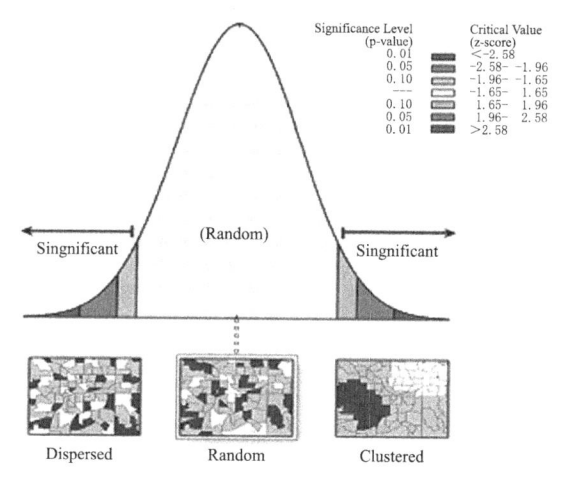

图 9-4　山东省休闲度假型特色小镇空间自相关集聚性正态分布

3. 特色农业型特色小镇

山东省农业型特色小镇数量较少，由空间自相关结果，其 *Moran's I* 值为 0.675，Z 检验值为 2.427，在 95% 置信区间，呈现较弱的集聚性（图 9-5）。根据 GIS 空间分布情况，农业型特色小镇主要在平原区分布，表明目前特色农业型小镇以海拔较低地区为主，高海拔区域分布较少，这是因为山东省地处北温带，属季风性气候，大气降水利用程度高，尤其是平原地区适合农作物生长，且分布着较多的基本农田保护区和特色农庄基地，也是特色型农业小镇空间分异特征分布的主要原因。

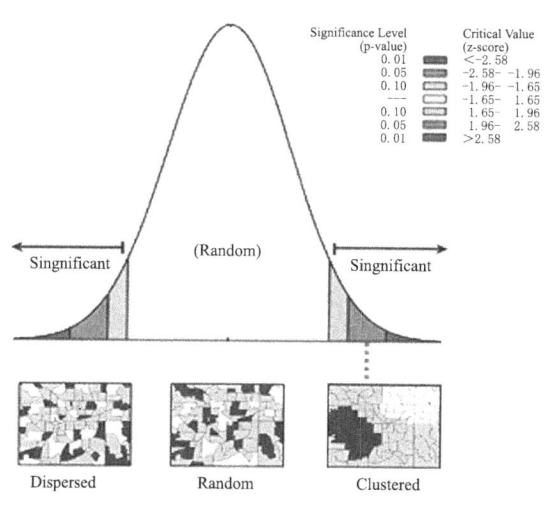

图 9-5　山东省特色农业型特色小镇空间自相关集聚性正态分布

123

4. 康体养生型特色小镇

康养型特色小镇空间自相关分析 $Moran's\ I$ 指数值为 0.351，Z 值为 2.519，在 95% 置信区间，表现较弱的集聚性（图 9-6）。由空间分布情况，康体养生型特色小镇主要在鲁北和鲁东半岛地区分布较广，尤其以烟台、威海滨海地区最为丰富，青岛、日照和潍坊次之。这与山东省特色旅游品牌"仙境海岸"及沿海城市带具有丰富的山、海、景、城、岛、滩、湾、角等自然景观和道教、鲁拳、美食、养生等人文旅游资源有关。

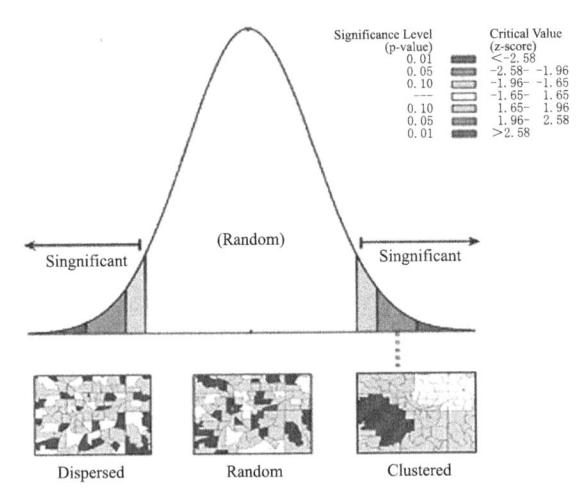

图 9-6 山东省康体养生型特色小镇空间自相关集聚性正态分布

5. 产业服务型特色小镇

产业服务型特色小镇空间自相关 $Moran's\ I$ 值为 0.085，Z 检验值为 0.982，其空间分布不具有集聚性，在山东省域范围内呈现离散分布现状（图 9-7），空间尺度上其分布规律大致沿黄河和沿海呈线状分布。这一方面可能是黄河沿岸和滨海地区是我国传统文化的发源地，具有较多的服务需求市场及传统经济产业的聚集地，亦具有优先建立小镇产业的先天优势。另一方面可能是低成本的水运交通是产业服务小镇生存的考虑因素所导致的。

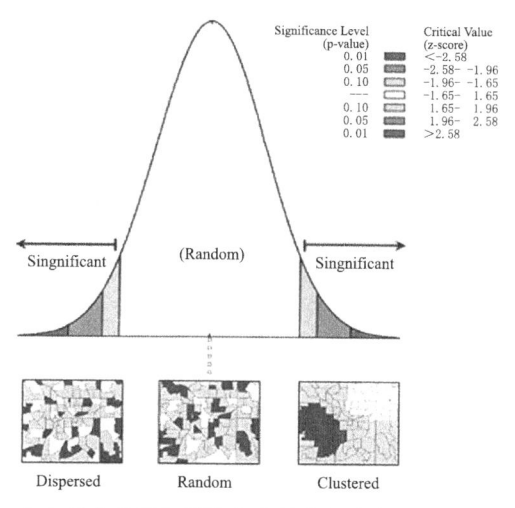

图 9-7　山东省产业服务型特色小镇空间自相关集聚性正态分布

6. 参赛观赛型特色小镇

山东省参赛观赛型特色小镇只有 4 处，其空间自相关 *Moran's I* 指数为 -0.232，Z 检验值为 0.389，表现为典型的空间离散分布（图 9-8）。空间上，分布于滨州市、菏泽市、青岛市和日照市。但参赛者、观赛者是体育运动的主要组成部分之一，山东省由数量方面与体育运动大省的地位表现不协调；另外，参赛观赛型小镇作为运动服务的补充，其空间分布不均衡，表明山东省体育附属设施建设尚存在较大的提升空间。

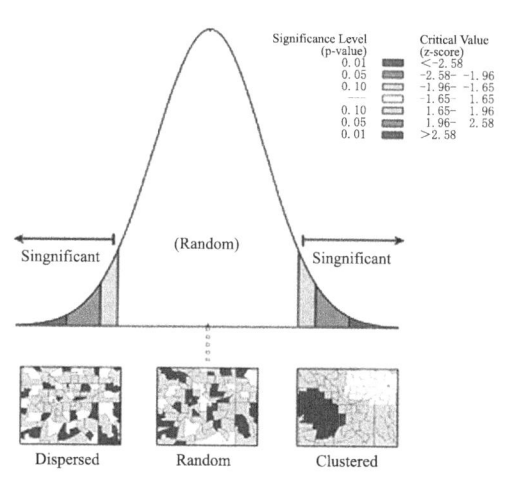

图 9-8　山东省参赛观赛型特色小镇空间自相关集聚性正态分布

四、山东省特色小镇空间分布研究结果与建议

(一) 结果

(1) 高程数量分布。山东省特色小镇 5 个高程自然转折点分别为 34m、81m、159m、321m、685m。GIS 结果显示,特色小镇大多分布于 [0, 81] m,占总数的 76.26%,表明山东省特色小镇主要分布于海拔较低的平原区或低矮丘陵地区 (0~34m),而在海拔较高的地区分布较少。

(2) 平面空间分布。山东省特色小镇平面空间分布呈现显著的空间集聚性分布特征,随地势形成典型的两大典型聚集区:鲁中与鲁东半岛山区集聚区、鲁西与鲁北平原集聚区。

(3) 类型空间分布。生产制造型特色小镇沿主要交通干线呈现较为显著的集聚性;休闲度假型特色小镇因产业特点和数量在有限空间上不具有空间分异的集聚性;特色农业型特色小镇主要以海拔较低地区为主,在空间上呈现较弱的集聚性;康体养生型特色小镇主要分布在鲁北和鲁东半岛地区,在空间上表现出较弱的集聚性;产业服务型特色小镇空间尺度分布规律大致沿黄河和沿海呈线状分布,空间分布不具有集聚性,在山东省域范围内呈现离散分布态势。参赛观赛型数量仅有 4 处,表现为典型的空间离散分布。

(二) 建议

(1) 统筹省域资源,科学规划布局。山东省省域范围内拥有丰富的商贸、文创、休闲、旅游、康养等产业资源,但整体规划尚需提高。应从全省空间布局着眼,以政策为导向,以资源为基础,以市场为依托,建立行政区域协调机制,实现梯级开发,差异发展,进一步缩小鲁东鲁西发展差距;应以强带弱,实现龙头效应,陆海统筹逐步实现"点极—轴带—圈域"一体化发展新局面。

(2) 依托区位优势,立足特色发展。中国境内山东省东临黄海,环抱渤海,西邻中原腹地城市,南接长三角经济圈,地处京沪交通要线,是中西连接重要枢纽和信息门户,是一带一路十字交汇点,区位优势明显。境内自然资源有趵突泉、黄河、运河和海洋等旅游水资源及泰山、崂山、昆嵛山和沂蒙山等山岳资源;人文资源有儒家文化、龙山文化、大汶口文化等人文旅游资源。应借助区位优势,挖掘山东特色资源潜力,借力新动能转换驱动力,发展特色小镇新产业,

借机一带一路新战略，开发亚欧大陆桥经济新走廊，加大产品创新，致力构建异质特色、错位发展的"一山一水一圣人，多元多维多层面"之齐鲁特色小镇新样板、新业态、新模式。

（3）挖掘产业潜力，形成集群优势。山东省南北连接国内京沪交通干线，东西地处亚欧大陆经济走廊桥头堡，向西呈扇形辐射亚欧大陆经济带，向东呈线状链接朝韩、日本和欧美等沿海国家，在区位和交通上具有集群发展潜质和规模化发展便利。因此，应依托山东半岛城市群联结华东、华北和中西腹地城市群的门户优势，在产能转移，产业承接、要素配置等方面实现全时全景全域全资源的协调化、联动化、一体化集群发展。

第三节 山东省体育特色小镇发展环境分析

改革开放至今，我国通过发展城乡企业逐步解决了以城市经济为主的社会化生产与农村经济为主的小农生产之间的矛盾，成功拉动了农村经济增长，形成了"小城镇，大战略"的建设体系。

我国体育特色小镇的发展与传统的体育强县、传统体育基地有所不同，行政上，体育特色小镇位于城市周边，是具有市场需求导向、生活居住功能、空间集聚的体育产业综合体；体育特色小镇利用体育这一优势跨界载体，把体育产业与旅游产业、康养产业等社会产业相互结合，协同推进相关产业的深度融合，充分利用体育这一基点撬动社会资源，营造产业共同体环境，它以"体育运动休闲"为主题，整合体育运动、休闲娱乐、特色旅游、教育培训等产业，发展"体育+"或"+体育"的交叉融合创新产业新平台。

2017年8月国家体育总局对如何推动运动休闲小镇又好又快健康发展等问题进行了说明，并公布96个国家级特色小镇建设名单。国务院办公厅要求产业项目监管部门以及相关直属单位落实政策制度、完善协调推进机制、打造体育产业链条、发挥市场主体作用、建立典型引路机制、加强动态监测管理等环节的运行。2018年5月山东省办公厅发布乡村振兴战略规划及系列工作方案，制定乡村振兴全面发展战略，并提出到2020年建设约100个美丽、独特的特色小镇。到2019年年初，山东省共拥有27个国家级特色小镇，其中包括运动休闲特色小镇5个，分别分布在临沂市费县、烟台市龙口市、潍坊市安丘市、日照市、青岛市即墨区。

临沂费县许家崖航空运动小镇是一家以航空运动为特色的体育小镇,曾成功举办动力伞专业赛事和滑翔趣味比赛等较高级别的国际比赛。每年有数以万计的国外飞行员前来许家崖访问飞行。目前,小镇已经衍生出三大产品业务体系,分别是主流业务、旅游体验和社会培训。烟台龙口市南山运动休闲特色小镇是国家 5A 级旅游景区,是集滨海旅游、疗养休闲、文化教育等生态环境好、科技含量高的综合类旅游度假运动休闲特色小镇。潍坊安丘市国际运动休闲特色小镇是国家 4A 级旅游景区,区位优势为小镇的创建提供了环境基础,棋牌特色为小镇创建出独特优势。目前,小镇已举办多场高端国际体育赛事,这大大提升小镇的社会美誉度。潍坊国际运动小镇是以运动休闲、人文体验为特色的体育特色小镇,致力于打造以文化为核心、旅游为载体、养生为延伸的休闲型体育特色小镇。它的区域整合—错位发展、产业整合—特色提升,打造健康产业单打冠军、功能整合—发展互联网经济、环境整合—打造名片、开发整合—创新发展、文化整合—沉淀白酒文化的发展战略带动了潍坊运动休闲产业巨大的连锁反应。日照奥林匹克水上运动小镇依靠水上项目资源和优越的地理环境建成了配套设施一流、各项功能齐全、具备国际水准的水上运动体育特色小镇。目前日照市政府对现存的基础设施进一步整合,扩大服务范围,增强设备功能,开发了一系列水上运动项目以及其他运动项目,不仅可以满足普通旅客娱乐休闲的需求,还可以满足国际重大水上运动赛事的需求。即墨温泉田横运动休闲特色小镇区别于其他体育小镇,它主要包括观光旅游、大众健身、赛制直播、培训服务等多发展板块的世界级运动休闲项目。

一、山东省体育特色小镇 PEST 分析

PEST 分析是对企业发展、规划战略及外部宏观环境进行分析的一种模型。通过政治环境(Political)、经济环境(Economy)、社会环境(Society)、技术环境(Technology)四个方面对研究对象进行分析。进而制定出切实可行的解决方法和发展策略,进行 PEST 分析有助于行业发展或组织发展的整体把握。目前,PEST 分析已经成为重要的战略管理分析工具。

(一)政治环境(Political)

体育特色小镇在一定程度上受政治因素影响,我国政府对体育特色小镇的发

展出台了一系列扶持政策,各级政府也多次发布相关政策法规,提出重点发展体育特色小镇,为体育产业转型指明了方向。2014年10月,国务院出台46号文件,文件首次将体育产业发展定位为国家战略。随着产业化进程加快,2016年国家体育总局针对体育产业的转型升级出台了《体育产业"十三五"规划》。山东省人民政府于2016年制定了《山东省创建特色小镇实施方案》,明确了山东省体育特色小镇创建的标准、内容、程序、政策措施,并给予用地支持、财政支持、金融支持和人才支持。为山东省体育特色小镇的发展提供了政治保障,进一步推动了体育产业升级。

相对于最先探索体育特色小镇的浙江省来说,虽然山东省体育特色小镇发展较晚,但从国家层面发布的相关政策来看,国家对体育特色小镇的政策扶持力度较大,山东省对体育特色小镇的发展也进行了较大力度支持(山东省特色小镇政策汇总名单见附录)。

(二) 经济环境 (Economy)

如图9-9所示,2013年到2018年山东省GDP总量持续增长,2013年到2015年同比增长缓慢,2015年到2016年增长迅速,2016年到2017年成负增长,2017年到2018年山东省经济增长加速。

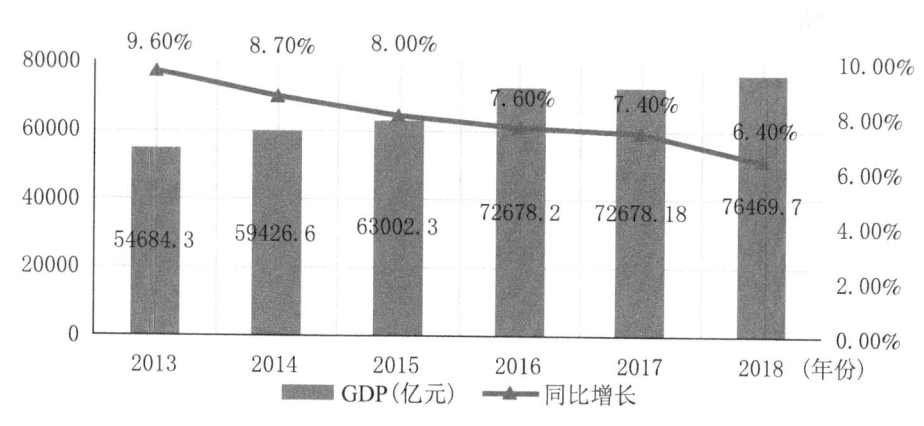

图9-9 2013—2018年山东省GDP总量及增速情况

据山东省统计局公报,2018年城镇新增就业人口达到136.8万人,较去年增长6.7个百分点。城镇失业率下降到3.35%。物价水平涨势温和,居民消费比上年上涨2.5%,固定资产投资上涨6.1%,这意味着将会有强大消费能力和追求健康生活群体的出现。

山东省以供给侧结构性改革为主线，当前中产阶级已发展成为推动山东省经济发展的主要群体。在经济全球化发展的今天，经济水平的提高带动了人们对物质的需求。山东省是人口大省，GDP 呈持续增长势态，消费力、购买潜力巨大。在政府的支持下，大量的闲散资金开始逐渐转入到体育特色小镇产业建设，在很大程度上为体育产业带来更为活跃的生命力。

(三) 社会环境 (Society)

随着经济和科技的迅速发展，人们的生活水平日益提升，价值观念和生活方式正在发生潜移默化的改变，越来越追求精神文明方面的享受。除此之外，人口规模和结构对于体育产业的发展也有一定的影响。山东省常住人口保持平稳，2018 年年末常住人口 10047.24 万人。其中，14 岁以下人口占全省总人口的 18.08%。15~64 岁人口占全省总人数的 66.88%，65 岁及以上人口占全省总人数的 15.04%。常住人口城镇化率为 61.18%。

随着都市生活节奏的加快，个人工作时间的延长，支配时间的减少，社会压力越来越大，而我省 15~64 岁人群居多，他们在学习和工作之余，享受资料的消费占比逐渐变大，而满足人们精神方面需求以及减轻压力、释放压力的活动甚少，这为体育特色小镇的发展奠定了社会基础。

(四) 技术环境 (Technology)

2015 年，李克强总理在政府工作报告中首次提出"互联网+"概念，互联网与体育产业之间融合，衍生出多界融合，使体育产业不再是一个独立的经济体，"互联网+"为山东省体育特色小镇的发展提供了广泛的信息来源，避免产业定位和场地规划的不确定性，为小镇的发展提供科学依据。随着智能时代的到来，"互联网+"的推动，体育特色小镇不断以不同的产业形式展现在人们眼前，不断为体育特色小镇的发展铺设道路，"互联网+体育特色小镇"的发展模式促进了产业间的融合，为小镇的发展提供了科学的决策和双向的智力支持。

体育特色小镇属于新兴项目，国内可借鉴的经验甚少，作为体育特色小镇，除了依托地理资源、文化资源外，还必须具有体育特色的硬性条件。山东省作为体育强省，通过传授专项技能的方式进行人才培训，更多从事体育事业的人员具备较高水平的专项技能，这为山东省的体育特色小镇的发展带来了一部分专项技术人才。

二、山东省体育特色小镇发展策略

（一）立足省情，借鉴他省成功经验

纵观我国体育特色小镇发展，浙江省作为第一批创建体育特色小镇的省份，把体育特色小镇当作破解经济发展难题、抢抓转型发展机遇的一剂良药，定位突出了"独特"、投资突出了"有效"、改革突出了"实验"、政策突出了"个性"、服务突出了"定制"，并借助独特的自然风光、错落的空间结构、多彩的历史人文优势条件，将旅游功能和文化功能嵌入到小镇的发展。相比之下，山东省自然资源相当充沛，但利用率不足。为此，应立足于本省实际情况，循序渐进完善各小镇基础设施建设，形成空间结构合理、项目类型多样的体育特色小镇。其次，举办大型赛事提高本省体育特色小镇的知名度和国际影响力，继而通过有效的组织和市场营销方式宣传山东省体育特色小镇的特色旅游形式。

（二）行政联合，完善相关政策法规

各市各地区应加强与国家政策的对接，以国家政策为根本，加强各地区政府有关部门之间的合作，充分了解国家发展方针。联合地方体育局、规划局等部门制定出因地制宜的地方规章制度。同时，对相关法律法规进行整理，对不能满足体育特色小镇发展的法规条例进行及时修订调整。除此，还应加强各部门的监督，加强综合治理力度，对破坏资源、违建和过度开发的行为应及时治理，为体育特色小镇的发展提供牢固的政策保护。

（三）多维结合，创新人才培养模式

体育专业人才缺失是体育特色小镇发展的一大问题，改革现有人才培养模式，积极与国际接轨，加强校企合作，创新培养模式，培育具有国际化水准的专业性人才，为企业输送人才的同时，降低了大学生就业压力，也解决了人才缺失问题。除此之外，还应发挥业内精英的作用，做好相关培训工作，建立人才培育网络，才能从真正意义上培育出满足山东省体育特色小镇发展的专业性人才和队伍。

(四) 产业融合,搭建小镇发展平台

在经济全球化科学技术快速发展的时代,产业间融合成为体育产业发展的主要趋势。"互联网+体育"的结合为体育特色小镇发展打开了新的视角,为体育产业的发展,提供了多样化的平台,促进了经济效益最大化。为消费者带来了便捷、舒适的服务,同时改善了场馆的利用率低、业务单一等问题。互联网等科技手段将市场、用户、产品构建成体育特色小镇发展平台,促进体育产业优化升级。

综上可知,体育特色小镇是体育产业下的发展新形态,结合山东省体育特色小镇的发展现状,相比于传统体育产业,体育特色小镇已成为加快体育产业发展的新引擎,为山东省经济发展注入新动力。通过对山东省体育特色小镇的 PEST 分析发现,作为新的产业模式,体育特色小镇在政治、经济、社会、技术方面相对较弱。如何加强政府领导、完善政策法规、抓好国家财政再分配以及硬件设施的科技攻关,成为了目前山东省体育特色小镇发展的主要问题。基于省情,应立足于省情,要明确并实现行政联合—完善政策法规、多维结合—创新人才培养模式、产城融合—搭建小镇发展平台的发展策略。不断丰富体育特色小镇功能,积极创新规划体育产业集群,使体育特色小镇又好又快发展。

第四节 山东省体育特色小镇竞争态势实例研究

特色小镇是连接城乡空间的新结点,是新型城镇化的新样板,是加快区域创新发展、激发产能潜力、释放内需动力的战略选择。而体育特色小镇则是融合地区特色资源,以体育主题为引领,以体育内容为特色,以体育产业为核心,实现体育产业跨界融合的新型城镇化建设的"新宠儿"。运用 SWOT 分析法,以龙口南山运动休闲特色小镇和即墨田横温泉体育特色小镇进行实例研究,对山东省体育特色小镇自身的产业竞争能力进行分析,以明晰在城乡一体化进程和未来发展过程中的发展态势,可对开发体育特色小镇实操具有重要的实践意义。

一、龙口南山运动休闲特色小镇 SWOT 分析

(一) 优势分析 (Strengths)

(1) 自然资源得天独厚。首先,矿产资源尤为丰富,特别是煤炭资源,储

量大、产量多。其次，稀有金属和其他常见矿产资源也有一定储量。

（2）地理位置优越，交通便利。整体位于环渤海经济带上，靠近多个经济高度发达的城市，陆上受到青岛市、烟台市的辐射带动作用，海上则与大连天津、秦皇岛等港口城市联系密切。在市内交通布局方面，以公路交通为主，无论是道路密度还是通车里程，均较为优秀。

（3）农业发展基础良好，产业化步伐加快。农村整体发展水平在国内名列前茅。小麦作为平原区主要的高产作物，为其争得了"小麦之邦"的美称；山区则因地制宜发展林果业；沿海地区则发展水产业。

（二）劣势分析（Weaknesses）

（1）资源缺乏有效整合，开发存在问题。对矿产资源的开发仍然处于"原料开采"的初级阶段，没有形成相应的产业链条或者加工链条，与其他资源丰富的地区相比，优势不明显。

（2）生态环境问题。城市绿化主要依靠种植，原生绿地较少。矿产资源的开采带来的是大规模的生态环境破坏，尤其是煤矿周边。另外，矿产资源的初加工工厂的存在，对龙口市的耕地、大气、水资源影响巨大。

（3）城乡差距依然显著。将其作为一个整体来看，龙口地区近年来社会公共服务保障体系不断完善，居民生活水平不断提高。但若将城市与农村两部分完全划分开，二者差距依旧明显，城市居民收入仍远高于农村居民收入。

（三）机会分析（Opportunities）

（1）区域发展规划布局趋于合理。城乡一体化取得重大进展，龙口市调整了城市发展规划，将重心放在城乡一体化上，以五个发达区域（东城、新区、南山、西城、东海）和三大经济板块（高新区、诸由工业区、滨海度假区）为切入点，发挥优势区域带动作用，城市带动农村，形成城乡联动发展的空间布局。

（2）工业经济迅猛发展，"优质项目—企业再造—特色集群—先进制造业基地"是龙口市发展思路，其余的项目调整，产业结构优化等均以这一思路开展。2010年全市规模以上工业实现主营业务收入1920亿元，利税202亿元。此外，全市第三产业形成以商贸餐饮、现代物流、旅游等产业为重点的服务业发展的新阶段。2010年，全市完成服务业增加值215亿元，平均增长17.5%；实现旅游总收入39亿元，年均增长21%。

(3) 县域交通基础设施日臻完善。无论是铁路建设还是公路建设,一直是龙口市的重点工程。每期城市规划大都涉及公路建设,截至2010年,新建、改造干线公路和县乡路177公里,硬化农村公路123公里,公路通车总里程达到1414公里。

(四) 挑战分析(Threats)

(1) 城乡一体化发展背景下的农民走向问题。城乡一体化的推进意味着传统意义上的农民的终结,这种成为市民的目标固然好,然而对于生活在农村大半辈子的农民来说,这不是短时间内能实现的,这需要一个过程。目前,城乡一体化发展背景下农民还无法达到市民的待遇,农民搬迁后面临的就业、教育、医疗和社会保障等方面还与市民存在很大差距,这些问题更需要国家和政府给予更好的政策,以便失地而不失业。

(2) 新型社区建设的可持续性问题。为了加快城乡统筹一体化发展进程,龙口市全面推进新型农村社区的建设,然而这需要大量的资金投入并且需要严格的质量监管。目前,在新型社区建设中,由于资金不到位等原因导致社区建设中断,因此如何保证社区建设的可持续性是龙口市进行城乡一体化的极大挑战。

(3) 县域经济发展的质量和效益问题。国家现在追求的是低碳经济,地方政府需要对重点耗能的企业、行业进行控制以及大力引进节能减排的项目工程。然而面对经济利益的诱导,在城乡一体化进程中,地方政府如何对经济发展的质量和效益进行权衡,是龙口市面临的又一挑战。

通过上述SWOT分析,可以看出龙口市在城乡一体化过程中,有自身的优势和外部的机会,也有自身的劣势和外部的挑战。龙口市政府应该充分利用自身优势条件,抓住机会,加强城乡之间的交流,形成合力;优化产业结构,促进城乡生态化发展;统筹规划,完善区域布局。

二、即墨田横温泉体育特色小镇SWOT分析

(一) 优势分析(Strengths)

(1) 地理位置优越。即墨区管辖于青岛市,历史发展可以追溯到一千四百年前。位于黄海西岸,与平度、高密、胶州相邻。其位于环渤海一带,贸易往来密切,交通便利,人流量大。此外,即墨田横温泉体育特色小镇目前已形成了较

为完善的海陆空交通网络,已成为连接青岛、烟台、威海的交通枢纽。

(2)充足的财政来源。在政策支持方面,除了对纳入试点的小镇一次性给予一定的经费资助,为各小镇提供体育设施标准化设计样式外,还会配置各类体育赛事资源,吸引客流和增强小镇吸引力。运动休闲小镇建设中,将以体育为核心,带动教练、培训、医疗、户外产品销售等整个体育服务产业链,甚至还有设计、制造、营销、物流等生产性产业链的落地发展。

(3)显著的资源优势。温泉田横运动休闲特色小镇地处即墨东部,南边为省级旅游度假区田横岛,东西两面环海,海岸线长26公里。即墨区的水资源总量充足,随着季节的变化降水量随之变化,但年平均降水总量依然丰富。小镇拥有丰富的历史文化资源,以文化产业拉动旅游业的发展,结合"山、海、岛、泉、滩"等资源发展集文化、休闲、温泉、旅游为一体的综合性小镇。

(二)劣势分析(Weaknesses)

(1)造成资源浪费。由于近几年温泉旅游的热度上升,开发商对利益的过度追逐使得投资大规模倾向温泉旅游的开发,使特色小镇与温泉的结合开发中出现了盲目上马与急功近利两个大问题。这些问题的存在无疑是对自然资源与人力物力的无益损耗。有大量的资金投入,没有市场的准确把控,缺乏科学的管理机制与方案措施,导致资源的破坏与浪费。

(2)建设不全面。即墨温泉横田体育特色小镇,作为国家体育总局公布的体育特色小镇的试点项目,至今仍然在建设中。体育小镇原本的项目规划尚未得到实施或者正在建设中,而相应的具有与温泉相关的特色体育文化却没能同步得到开发与建设。

(三)机会分析(Opportunities)

(1)广阔的发展空间。目前青岛体育产业园的建设已经大抵完成,设置了以田横岛为主园区的旅游度假区产业园,以及位于田横小镇的水上运动基地与位于田横岛女岛港区域的国家航海运动学院组成了具有特色项目的旅游度假区。近期的规划包括举办各项具有山海特色的运动项目,在女岛水上运动基地开展帆船、潜水、皮艇等一系列水上运动项目。未来的规划将是建设康养与休闲的活动区域,另增加登山、自行车、野营等休闲活动与赛事。

(2)高水平规划定位。总的目标定位,就是打造中国温泉小镇。围绕这一定位，将高水平开展规划和策划工作，高水平完善功能配套，高水平提升整个小镇管理水平。在完善温泉小镇休闲度假功能基础上，推动高端健康养生及科研、培训、会展等元素凝聚于此。未来三年内，这里将汇聚中国和山东最高端的医疗机构、健康养生专家以及世界级专业展会。

（3）全新温泉主题活动。针对温泉小镇四季鲜明的特点，立足山、海、岛、泉、滩、林资源，以此按照四季变化决定旅游主题，举办各项具有节气特色的群众性活动或者赛事。围绕服务温泉旅游品牌创建，我们将争取更多的文体赛事和节庆展会落户，配套建设一批精品风景林、采摘园，合作开发空中旅游、山地旅游、海上旅游、水下旅游，实现温泉旅游要素的相得益彰、和谐统一。

（4）实施全方位营销推介。一方面，立足海水温泉特色，邀请高水平专家策划品牌标识，提高对外影响力和辨识度。另一方面，通过加强与旅游开发商或者投资者合作，建立完善的温泉营销结构。利用互联网的便携，将温泉品牌包装推销，构建一个多元化的3D推介营销平台。再一方面，筹办以温泉为主题的高层次展会论坛，策划举办海洋温泉节等节庆活动，不断提升温泉旅游知名度和美誉度。

即墨温泉横田体育特色小镇在发展过程中创造了多元化的发展方式，满足了不同层次的人群在休闲旅游运动中的需求，在无形中扩大了市场需求。

（四）挑战分析（Threats）

（1）政府政策变更。挖掘与释放消费潜力，一直是各大政策出台着力要解决的问题。《体育产业"十三五"规划》提出，"十三五"时期，我国体育消费方式将从实物型消费向参与型和观赏型消费扩展。多个政策文件中也提出支持具有消费引领性的休闲项目的发展，且体育竞赛表演、户外运动、冰雪运动、特种运动将成为发展重点。此外，该规划还从历史人文角度提出了主要特色运动项目，包括电子竞技、击剑、马术、高尔夫等时尚运动项目与武术、龙舟、舞龙舞狮等民族民间健身休闲项目。如何与政府的体育小镇建设政策相接洽，充分利用天然温泉优势与体育项目建设相结合，是即墨当前建设体育特色小镇最大的课题。

（2）竞争对手增多。温泉小镇作为依托水资源、以温泉为主要发展方向的体育小镇，与其他运动项目相比不具有足够的竞争力。随着时间的推移，未来将会涌现出越来越多不同类型且发展更为全面的体育小镇，即墨将面临着更大的精神压力。同时，近年来各地温泉体育小镇的兴起，即墨温泉横田运动休闲特色小镇如果没有足够的特色，无法吸引外来游客。

通过上述 SWOT 分析，可以得出即墨温泉横田体育特色小镇在未来的发展过程中，要依据自身的地理位置、资源特色、财政支持、和品牌效应等优势特点推动其建设的完善，同时也要注重对新鲜水上项目的开发。在即墨温泉横田自身按规划建设的同时，也可以开辟像水中运动浴等这种新鲜的运动休闲体验项目，以吸引更多不同需求的人群，推动体育特色小镇的建设。

附 录

附1: 域外体育特色小镇成功案例

一、新西兰皇后镇

(一) 新西兰皇后镇概况

新西兰皇后镇以"体育+旅游"为主题,凭借优越的地理位置以及高山峡谷、湍急激流、冬季皑皑白雪等地理自然资源,一度成为世界著名的"探险之都",深受探险者和登山爱好者的青睐。另外,小镇仅有18000人,人口相对稀少,多数地区自然原貌保存完好[1],对新西兰皇后镇的发展至关重要。新西兰皇后镇发展初期,是由"淘金热"而聚集起来的自然群落[2],长期发展中,当地政府购买"淘金热"时期人们遗留下来的居所,对新西兰皇后镇进行整合、规划,与知名的旅游度假企业洽谈,吸引外来企业投资进行基础设施建设。经过70年的发展,新西兰皇后镇建成了以"市场为导向"适合不同人群进行休闲、旅游、度假的体育特色小镇。

---

[1] 陈磊,陈元欣,张强. 国内外体育特色小镇建设启示——以湖北省为例 [J]. 体育成人教育学刊,2017,33 (3): 41-45.
[2] 昕月. 体验新西兰 [J]. 商业文化 (下半月), 2014 (8): 74-85.

（二）皇后镇发展模式多维度分析

1. 政府层面维度

（1）"新政府式"管理体制改革

新西兰成立较晚，是一个新兴的国家。经过100多年的发展，新西兰已经跻身于发达国家行列，旅游产业成为新西兰的支柱产业之一。1984年工党上台后，新西兰开始了长达二十年的政府行政规范式改革[1]，在1990年前后，新西兰政府完成了"新政府模式"改革。政府通过拆分部门职权，替换传统的管理体系，设置完整的绩效考核体系等方式，转换为有明确的责权分工，有相对自主管理权的新型公共管理模式[2]。1999年新西兰政府为了解决"泛滥主义"现象，又深化改革管理体制，实现了整体政府模式，新西兰皇后镇拥有土地规划和资源调配的自主权，从而为新西兰皇后镇的建设奠定了强有力的政策后盾。

（2）"调控式"可持续发展策略

随着资本市场的打开，新西兰皇后镇受到资本家的关注，资本企业前往新西兰皇后镇进行投资建设，政府为了避免资源的过度开发，开发商需要由个人或组织向政府提出请愿和要求，政府对上交的请愿进行会议、讨论和审批，对于侵占公共资源的项目，政府会对其自然环境的影响进行全方位的评估。政府对于自然破坏力较大、环境影响较差、业绩不佳的项目提出整改意见，在整改后进行二次评估，持续效果依旧不良的项目则提出废弃、拆除等不同后续指导措施要求。对于可以给新西兰皇后镇带来高收益、高就业的项目，政府通常采用入股、赞助的形式扶持项目的发展。在项目的发展阶段，政府、企业两者之间相互监督，在地区资源不被过度开发的基础上，充分对地区资源进行多角度、多方位的开发。新西兰皇后镇体育特色产业开展以来，在政府领导下一直秉承可持续发展性原则，由最初单纯的极限旅游项目发展到以极限运动和风光旅游为品牌，根据不同年龄阶段、不同运动水平游客所喜爱的体育特色运动项目来发展。

2. 地理区位维度

新西兰皇后镇处于南半球高纬度地区，位于新西兰南岛南阿尔卑斯山脉高于

---

[1] 瞿昶.基于市场化导向的旅游型特色体育小镇构建探索——以新西兰皇后镇为例[J].南京体育学院学报（社会科学版），2017，31（5）：59-63.
[2] 理查德·诺曼.新西兰行政改革研究[M].孙迎春，译.北京：国家行政学院出版社，2006：134.

海平面310公尺的瓦卡蒂普湖旁，是瓦卡蒂普湖地势最险峻、景色最美丽的位置。根据地理学家的研究，在距今15000年前的冰河世纪，新西兰皇后镇被冰雪所覆盖，因其多变的地理景观被誉为"地理教师"。新西兰皇后镇一年四季分明，夏季景色美丽而富有激情、高山峡谷、激流湍急，冬季白雪皑皑、寒冷而漫长、长达4个月的降雪覆盖了新西兰皇后镇周围的山脉。这里不仅可以观赏到美丽的雪山、湖泊，还有"淘金热"时期遗留下来的矿洞景观。离新西兰皇后镇不远的卡瓦劳大桥，已经成为全世界蹦极爱好者的神圣之地。

3. 资源开发维度

(1) 冰雪场地开发

作为世界顶级的滑雪圣地，新西兰皇后镇冬季开设有卓越山滑雪场、皇冠风滑雪场、卡德罗滑雪场、三锥山滑雪场等中高端的滑雪场。新西兰皇后镇不远的瓦纳卡有冰雪公园和冰雪农场两处旅游与运动圣地，冰雪公园占地24.28公顷，是一片高端区域，集地质公园与山地度假区为一体。冰雪公园适合新手滑雪爱好者前来体验，不仅有管道滑雪，还有平底雪橇，是放松与旅游的好地方。冰雪农场是新西兰唯一的商业越野滑雪场，内设50公里专门修整的滑道和日间、夜间滑雪区，适宜各种水平的滑雪爱好者，每年有数以万计的冰雪爱好者前来体验（附表1-1）。

附表1-1 新西兰皇后镇四大滑雪场概况

	卓越山滑雪场 (The Remarkable Ski Field)	皇冠峰滑雪场 (Coronet Peak Ski Field)	卡德罗纳滑雪场 (Cardrona Ski Field)	三锥山滑雪场 (Treble Cone Ski Field)
滑雪区	220公顷	280公顷	345公顷	550公顷
垂直落差	357米	481米	600米	700米
海拔	1943米	1649米	1894米	1960米
缆车数量	7辆	8辆	7辆	5辆
场地划分	初级30%、中级40%、高级30%	初级25%、中级45%、高级30%	初级20%、中级55%、高级25%	初级10%、中级45%、高级45%

续表

	卓越山滑雪场 (The Remarkable Ski Field)	皇冠峰滑雪场 (Coronet Peak Ski Field)	卡德罗纳滑雪场 (Cardrona Ski Field)	三锥山滑雪场 (Treble Cone Ski Field)
营业时间	上午9:00至下午4:00	上午9:00至下午4:00；周五周六夜间营业，下午4:00至晚上9:00	上午9:00至下午4:00	上午9:00至下午4:00
开放时间	6—10月	6—10月	6—10月	6—10月
相邻城镇	距离皇后镇45分钟路程/24公里	距离皇后镇20分钟路程/18公里	距离瓦纳卡35分钟路程/34公里	距离皇后镇29分钟路程/23公里

新西兰皇后镇开展冰雪运动以来，凭借大面积的滑雪区域、高落差的刺激体验、简单便捷的缆车、方便有序的交通、专业高效的户外团队、综合全面的基础设施以及初、中、高场地的严格划分，迅速打开了国内外冰雪市场，成为了世界顶级的滑雪圣地。

（2）产业升级分析

皇后镇利用本土资源，进行了三次产业升级（附表1-2），致力于"体育+旅游"多方位综合的产业模式。至今，新西兰皇后镇成为了多层次、多人群、多功能的"体育+旅游"综合体育特色小镇。

附表1-2　新西兰皇后镇产业升级阶段分析

发展阶段	初始发展阶段	蓬勃发展阶段	转型升级阶段
发展规模	小	中	大
住宿条件	简陋的房屋	旅馆、酒店，还出现了较高档的疗养院	著名的5星级酒店、高档疗养院、休闲度假村
租赁设备	廉价	专业化	科技化
服务人员	"淘金热"留下的次级劳动力	旅游公司对当地劳动力进行培训，为游客提供专业的服务	专业人员组成的团队，对游客进行专业的技术指导
服务范围	本地游客	本地及周边国家的游客、极限运动爱好者	世界范围的游客、极限运动爱好者

续表

发展阶段	初始发展阶段	蓬勃发展阶段	转型升级阶段
旅游项目	登山、攀岩	登山、攀岩、天纪缆车、蹦极、沙特欧瓦河喷气快艇、滑雪	登山、攀岩、天际缆车、蹦极、沙特欧瓦河喷气快艇、滑雪、高空跳伞、维斯秋千、格林诺奇三部曲、蒸汽船游湖、冰川婚礼、骑行

（3）全球市场化策略

新西兰作为一个气候温和、自然环境优越、经济发展水平较高的国家，在进行全球化市场开发方面，非常注重医疗安全问题和国家品牌效应。在打造国家旅游品牌效应方面，政府邀请国际知名的电影团队来此取景、宣传，把新西兰皇后镇美丽的景色展现给世人；聘请世界著名的名人为新西兰皇后镇代言，进行品牌的推广；甚至依托政府，面向全世界发放旅游签证，吸引有购买力的旅客更便捷的前来观光旅游。为了打响名气，曾邀请美国前总统克林顿在汽船码头前垂钓，并且安排他在 Boardwalk 餐厅品尝当地特色海鲜，这一度引起了发达国家中产阶级前来新西兰皇后镇进行休闲度假热潮。此外，新西兰皇后镇举办了各种赛事，通过举办国际大赛来加强了新西兰皇后镇在体育特色领域的知名度。再进行市场化开发的过程中，除了保障"全球市场化策略"的开展还避免了与其他运动旅游城镇的同质化竞争。

（4）产品开发研究分析

新西兰皇后镇体育旅游已经稳健发展超过 70 年，其发展速度之快、建设规模之大、涉及项目之广，已经享誉全球。完整的产业集群、特色的发展模式已成为多数国家复制的模板（附表 1-3）。

附表 1-3　新西兰皇后镇的项目开发研究分析

产品名称	项目特点
沙特欧瓦河喷气快艇	创立于 1970 年，是世界上最刺激惊险的喷射快艇，驾驶员运用娴熟的技术在几厘米的水面上以极快的速度穿过各个急流转弯，紧贴着岩石壁进行各种特技表演，并且在 85 公里的高时速状态下做出高难度的 360 度转弯

续表

产品名称	项目特点
高空跳伞	这是一种双人高空跳伞,乘飞机飞入高空,和教练共享一个降落伞,一起跳下。INFLITE 集团的 Skydive Franz 冰川跳伞是新西兰唯一荣登红牛"全球九大最佳跳伞"榜单的跳伞公司,这份榜单展示的是全世界最棒的跳伞地点,这里的美景会让旅客惊叹到合不拢嘴
天际缆车	创立于 1967 年,让旅客轻松乘缆车到达山顶,把最美皇后镇景色展现给世界。乘天际缆车到山顶欣赏皇后镇成为了每一位游客的必做项目
卡瓦劳大桥蹦极	创立于 1988 年,世界上第一个商业蹦极中心,成为全球极限运动爱好者必争之地。从 43 米高的大桥一跃而下迸发出无限快感。在经营 30 年期间,已经有超过一百万人参与到蹦极项目中来,没有任何人发生过意外
冰川婚礼摄影	百年的冰川见证爱情的永恒,可以在冰川上留下无与伦比的美丽瞬间
TSS 厄恩斯劳号蒸汽船游行	南半球唯一商业运营的燃煤蒸汽船,穿梭于瓦卡蒂普湖上,红白相间的色彩,悠久的历史为其赢得"湖上贵妇"的雅号
皇后镇四驱越野车山水游	是一次无与伦比的征服自然,跋山涉水的体验之旅。新西兰皇后镇周边景色秀丽,群山围绕,河流切割峡谷的多样地貌,使四驱越野车性能发挥到极致。淋漓尽致地体验四驱越野车带来的豪情和气魄
霍比特人骑行	在格林诺奇以北的阿斯帕林国家公园里,跟随骑师缓缓骑行在荒野大地上,以最原始的方式,探寻新西兰大地的神秘与壮丽
HelicopterLine 库克山直升机冰川徒步	200 万年前第四纪冰川留下的冰雪一直保留至今,陆地冰川一般存在于海拔 4000 多米的崇山峻岭中,难以到达。在新西兰南岛,海拔 2000 米就可以遇到冰川,这是全球上最容易到达,并且服务极为成熟规范冰川徒步项目

(三) 新西兰皇后镇发展经验的中国化路径

1. 产业融合:中国特色技术创新

新西兰皇后镇的发展经验表明,核心盈利除了运动项目产业之外,还依靠住宿、休闲租赁、餐饮购物和其他旅游度假服务业。因此我国仅仅依靠体育本身盈利难度较大,需技术创新,带来技术融合,使不同产业之间形成共性共振,从而为产业融合创造条件[1]。打造以"体育"为主体多元化的"体育特色"消费

---

[1] 理查德·诺曼. 新西兰行政改革研究 [M]. 孙迎春,译. 北京:国家行政学院出版社,2006:134.

链，使体育产业与医疗、餐饮、艺术等产业相互交融相互支撑，成为我国体育特色小镇的主要运营模式。

2. 行政联合：相互协调完善机制

体育特色小镇的建设多数是由政府发起的，并制定整体性的规划设计[1]。地区政府部门联合强化政策引导、平台搭建、公共服务等方面的保障作用；极大程度地在资源配置中提高了市场的决定性作用，协调、鼓励、引导、支持企业和社会力量参与体育特色小镇的建设。

3. 资源整合：科学规划有序推进

从各地的实际出发，依托各地的历史文化、体育赛事、休闲项目、自然条件等特色资源，结合经济发展水平和基础设施条件，依据资源基础和发展潜力科学规划、有序推进，形成体育特色小镇的资源整合体系。

4. 地域结合：改革实践优势互补

新西兰皇后镇体育特色小镇建设经验看，特色小镇往往建设在有浓厚历史文化底蕴、交通便利、风景优美的地区。我国体育特色小镇的建设应与当地文化相结合、顺应城镇的发展，处理好小镇创建整体与局部、继承与创新、公益与商业的关系，充分考虑小镇的承载能力，以产业为核心，以特色为灵魂，以人为本的地域发展理念。

二、意大利蒙特贝卢纳镇

(一) 蒙特贝卢纳小镇发展架构分析

蒙特贝卢纳小镇（Montebelluna）地处于意大利北部省份的特雷维索省，位于北部畜牧业养殖业中心地区，人口30多万人，总面积约为50平方千米。19世纪初，当地的匠人开始制造登山靴，随后向周围的相关产业发展，范围扩展到滑雪鞋领域和运动装备领域。拥有着上百年制造手工鞋业的蒙特贝卢纳小镇，目前生产着全世界约有26%的直排轮滑鞋、55.5%的登山鞋、65.4%的冰刀鞋、75.6%的滑雪靴及81%的赛车靴等运动鞋类。

---

[1] 何春刚. 体育小镇建设中的政府职能与推进路径 [J]. 南京体育学院学报（社会科学版），2017, 31 (4)：23-27.

1. 体育产业起源

1336年弗兰齐斯科·彼特拉克提出，登山活动可以作为了解世界的一种方式。受文艺复兴影响、农作物产品自给自足以及制革工艺的快速传播，制鞋业的小规模生产模式开始出现。蒙特贝卢纳小镇的四周多为林地，在历史上就曾将伐木作为主要的资本产业。伴随着登山运动的兴起，当时制作伐木工的登山鞋成为流传至今的工艺，从20世纪70年代开始蒙特贝卢纳小镇便因优质材料和高水平制作的制鞋工艺，成为世界上著名的冰雪活动项目运动鞋生产基地，被赋予"滑雪产业之都"的称号，在当前全球化的过程中从典型的马歇尔产业集群（Marshall's Clusters）成功地转变成为了科技集群。众多制造企业的研发中心坐落于蒙特贝卢纳小镇（Mephisto、Timberland、Eindl、Fila、Decathlon、Ambro等）。伴随着蒙特贝卢纳小镇产品知名度的不断提升，相关制鞋公司的集聚性越发突出。同时，世界上其他拥有较高知名度的体育品牌也开始向登山鞋等户外运动产品市场靠拢，通过收购当地区的公司或者与本区域合作建立合资公司等方式，加入蒙特贝卢纳小镇产业集群之中。企业大量的生产、制造、销售等环节在此聚集，促进了当地商业、居住及公共服务等城市功能的配套完善，形成了"产业集群+"的小镇发展模式。

2. 政府与市场协同发展

小镇政府借助银行拥有的资金用来支持、引导和鼓励本区域内高等院校为本地区的运动鞋制造业发展培养大量高、精、尖的现代化人才。在城市基础服务与公共服务方面大力投资，为本地区从事相关行业的企业提供良好的生产经营环境，降低外来企业入驻门槛。为了促进其运动鞋产业的发展，小镇设立了开办企业的一系列指导首先要进行培训、对于在职人员和失业下岗员工也同样提出了若干培训办法。蒙特贝卢纳小镇取得成功的关键是划分政府与市场的职能界限，形成以建设体育特色小镇为最终目标，通过对政府、企业与市场关系的准确界定，明确了"以政府为主导、企业为主体、市场进行运作"的实施方案。政府的主导作用是为了更好地维护体育特色小镇发展的经济环境和社会环境。一方面，通过政府制定相关政策法规，划分政府服务体育特色小镇发展的"红线"和"底线"，充分保障政府职责使政策落实到位，避免政府机构工作懈怠和过度行政干预等问题的出现。另一方面，完善城市服务配套设施，为推动体育特色小镇的发展提供服务工作保障，在不违背当地政府相关政策和法律法规的基础上具体实施小镇的开发工作。同时，为了防止市场调节失灵，对体育特色小镇相关的企业进行法律成文规范。

3. 科技与创新并步前进

科技创新是维持着品牌或产品长久不衰的动力因素，也是使企业和产品在同行业竞争中不断提高与进步的推动力。蒙特贝卢纳小镇在传统制鞋的技艺基础上，通过改良产品的外观设计，着重突出知识产业科技创新，使生产制造的企业具备了可持续发展的动力。如在蒙特贝卢纳企业中具有代表性的是耐克公司，通过结合运动员的个人运动习惯，同时运用制鞋科技手段使运动员在比赛中取得优异的运动成绩。在传统制鞋工艺的基础上，向创新型企业发展，加强产品的外观创新，突出科技创新和知识创新，促使其具备可持续发展的动力[1]。

蒙特贝卢纳小镇形成了一个庞大的制造运动鞋产业链。小镇上所生产出的运动鞋种类涉及赛车鞋、滑雪靴、直排轮滑鞋、网球鞋、跑步鞋、冰刀鞋、运动鞋、足球鞋、登山鞋、溜冰鞋等，几乎囊括现如今运动鞋的所有种类。意大利蒙特贝卢纳小镇以运动鞋生产企业为核心，围绕着运动鞋生产企业，聚集了诸多产前配套企业（款式的设计、配件的生产、模具的制造、制鞋机器以及塑料生产等企业）和产后相关服务行业（商业协会、媒体广告、中介服务、订单销售及物流配送等），形成了完备的运动鞋生产链；制鞋产业链上的各业务公司超过400家（120余家衣服制造商，300余家鞋子制造商）[2]；从事相关的就业人员超过9000名，每年的生产量达到3500万双，销售收入的总量每年超过15亿欧元。

4. 竞争与协作的良性并行

蒙特贝卢纳小镇的运动鞋生产企业呈集群化分布，聚合化程度较高，但企业之间没有因产品价格而发生违背市场规律的行为，企业之间的竞争关系主要是针对市场营销上产品特色定位，企业在竞争中寻找突破口和发展路线，蒙特贝卢纳小镇的企业竞争与协作是良性的关系。企业从产品质量、产品研发、科技创新三方面着手，寻求产品在市场上的定位，追求在细分市场中的主导地位。正是在这种良性的竞争与协作中，蒙特贝卢纳小镇的运动鞋制造企取得不同程度的发展，进一

---

[1] Michael White. Bing There: Northwave shoe factory [J]. Journal of Road Bike Action, 2013 (11): 8-10.
[2] Motorsports Executive Summary. North carolina motorsports economic impact and development study, UNC Charlotte Urban Institute [EB/OL]. [2017-10-05]. http://www.motorsportsnc.org/docs/Execsnmmy.pdf.

步的提升和巩固了蒙特贝卢纳小镇在运动鞋研发、生产及销售中的主导地位[1]。

在行业地位领先的优势以及较强的集群作用影响下，蒙特贝卢纳小镇在运动鞋领域，特别是冰雪运动相关运动鞋领域，具有重量级的话语权。一方面，Tecnica、Geox、Nordica、Scapra、Aku 等国际上顶尖的户外品牌都出自蒙特贝卢纳小镇；另一方面，Nike、Lange、Rossignol 等国际知名运动品牌也进驻在此运动鞋业集群内，学习制鞋的工艺。目前，蒙特贝卢纳小镇是意大利唯一从事生产体育用品的产业工业园区，承担世界上大部分运动鞋的设计研发、生产、销售的任务，形成了从原材料、设计、制造、销售、配送的"垂直一体化"发展格局[2]。通过对体育用品产业链的构建和完善，促进体育特色小镇的综合实力提升。

5. 中介与协会服务高效

意大利的运动鞋协会在企业中发挥着重要的作用，他们基本上都是以中小企业作为主要对象，同时政府也为中小企业提供较多的扶持政策，引导企业健康发展。在蒙特贝卢纳小镇中大量的中介机构为中小企业提供多样化的服务手段，中小企业的形成与发展产生了产业区域集群。小镇中拥有众多的研发机构、产品设计团队、高素质的服务机构保障，正是因为这些机构的存在，使中小企业的重心集中在产品制造研发上，充分保证产品的质量，从而赢得该领域的国际话语权。

6. 产业空间布局"大分散，小集中"

值得我们注意的是，当地各种制造鞋的生产企业在地理位置上并不是绝对的集中，而是以城镇作为圆心，在半径5km的范围内通过道路连接，形成了多个大小不一的产业集聚区。每个集聚区之间通过便捷的交通网络和产业链间的联系构成一个"大分散、小集中"的发展布局，核心的体育用品生产推动了各类发展不一企业的完善，促进服务行业的集聚，推动体育小镇特色化发展[3]。设计、研发和配件生产等相关企业围绕核心生产企业发展需求，商业、居住等城市配套功能则主要集中在蒙特贝卢纳小镇镇区。形成以"生产+研发+设计"为中心的运动鞋制造产业链，并且带动交通运输业、饮食餐饮业、旅游服务业等产业发展。

---

[1] 张宝雷，张月蕾，徐成立，等. 国外体育特色小镇建设经验与启示 [J]. 山东体育学院学报，2018，34（4）：47-51.

[2] Cristiano Ciappei, Christian Simoni. Drivers of new product success in the Italian sport shoe cluster of Montebelluna [J]. Jour-nal of fashion Marketing and Management. Bradford, 2005（9）：20.

[3] 石秀廷. 体育特色小镇建设的国际经验及其启示 [J]. 广州体育学院学报，2018，38（2）：39.

(二) 蒙特贝卢纳小镇发展经验对我国体育特色小镇发展启示

1. 体育特色小镇发展的新模式

现阶段体育小镇市场尚处于高投入低回报时期，要想获得稳定的盈利，就必须采用"体育+"模式，推动相关产业链融合发展。在资本的带动下，我国已有上百个体育小镇进入筹备或建设阶段，但当前的发展模式仍未成型。而蒙特贝卢纳小镇已不再是一个仅以体育项目为核心的体育小镇，而是升级为以体育用品制造为产业核心，推动体育小镇向符合本地区的特色化发展，同时推动着相关企业的不断自我完善，使服务业向集聚化转移。伴随运动鞋生产集群影响的不断提高，众多在国际上拥有知名品牌的运动行业与本地区公司进行合作，培育出众多大型跨国企业（如Nordica、Geox、Tecnica等）。以运动鞋制造为中心，向其他产业辐射，采用BOO的模式，通过"建设—拥有—运营"的生产经营模式，蒙特贝卢纳小镇的盈利方式不仅打破传统意义上体育特色小镇"体育+"模式观念，同时还打造出一种全新的体育特色小镇产业集群发展盈利模式。

2. 特色突出与定位明确的新理念

产业集群模式下的体育特色小镇的特色突出点在制鞋产业，但现在的关键问题在于如何能够更好地将制鞋产业特色发挥出来。因此体育特色小镇的发展要与当地的特色项目结合，在推出自身产业布局同时考虑周边地理、经济、人文等区域发展环境。在我国"体育+"是目前体育特色小镇发展的主要途径和手段，优化小镇的产业机构，从而带动体育特色小镇全面协调发展。同时，要立足于体育特色小镇本身定位，在符合"创新、协调、绿色、开放、共享"五大发展理念的前提下，依据小镇周边的区域、规划、前景等入手考虑，通过传统与现代文化的交融，进一步营造产品的品牌形象，推动体育特色小镇向特色化、差异化方向发展。

3. 政府支持与市场运作的新平台

体育特色小镇实质上是提供体育公共服务的平台，不仅是一项经济工程，更是惠民工程。有很多研究表明目前我国政府提供公共服务的能力有限，并不能满足当前大众对体育公共服务的需要[1]。国外体育特色小镇不管是在筹备建设时

---

[1] 李燕领，王家宏．基于产业链的我国体育产业整合模式及策略研究［J］．武汉体育学院学报，2016，50（9）：27-33，39．

期还是在小镇运营过程中,政府都会将工作重心放到基础设施建设、环境开发保护以及政策鼓励支持上。因此我国体育特色小镇建设审批中,政府要充分做到"放、管、服",简化审批流程,缩短体育特色小镇的筹备时间。在体育小镇的后期运营过程中我们可以借鉴国外的 PPP(Public-Private-Partnership)模式,使政府转化角色,强调市场在资源配置中所起的决定性作用,提高体育特色小镇服务质量,以最大限度吸引社会资本的投入。在体育特色小镇运营方面,通过产品的更新换代,打造出专业化的体育产业用品集群,培育出富有生命力的产业链[1]。

4. 人才培养与提质创新的新战略

不管是发展何种类型的体育特色小镇都离不开人才的支撑,人才的数量和质量决定着体育小镇发展核心竞争力。但现阶段我国从事相关的体育人才缺失严重,这现象不仅与现代化发展相脱节,而且缺少跨专业型的人才。对此国内体育类高校在培养体育人才的同时应注重由知识型向素质型和能力型的人才转变。始终赋予体育特色小镇创新人才储备活力,从而不断提升体育特小镇的发展活力,使体育特色小镇有生命力。

---

[1]方春妮.国外运动鞋业集群的成功机制与启示——以意大利蒙特贝卢纳运动鞋生产基地为例[J].武汉体育学院学报,2009,43(2):48-51.

附 2： 山东省第一批特色小镇单体地理坐标

山东省第一批特色小镇名单

地级市	所在地区	单体	类型	经度 X	维度 Y
山东省济南市	平阴县	平阴县玫瑰小镇	休闲度假型体育特色小镇	116.380889	36.227705
	济阳县	济阳县崔寨智慧物流小镇	服务型特色小镇	116.565533	39.959857
	历城区	历城区西营生态旅游小镇	休闲度假型体育特色小镇	117.305673	36.481691
	长清区	长清区马山慢城小镇	休闲度假型体育特色小镇	116.783468	36.408107
	莱芜区	雪野旅游区养生休闲度假小镇	康体养生型体育特色小镇	117.579812	36.4294
山东省青岛市	城阳区	城阳区棘洪滩动车小镇	制造型特色小镇	120.300306	36.339317
	胶州市	胶州市胶莱高端制造业小镇	制造型特色小镇	120.077644	36.448412
	即墨区	即墨区蓝村跨境电商小镇	创造型特色小镇	120.296926	36.371699
	平度市	平度市大泽山葡萄旅游古镇	休闲度假型体育特色小镇	119.930642	36.99463
	莱西市	莱西市店埠航空文化小镇	参赛观赛型体育特色小镇	120.359653	36.705958
山东省淄博市	淄川区	淄川区双杨建筑陶瓷小镇	制造型特色小镇	117.99814	36.752174
	周村区	周村区王村焦宝石小镇	制造型特色小镇	117.729826	36.686451
	临淄区	临淄区朱台艺居产业小镇	制造型特色小镇	118.262202	36.950749
	桓台县	桓台县起凤马踏湖生态旅游小镇	休闲度假型体育特色小镇	118.069036	37.081574
山东省枣庄市	山亭区	山亭区徐庄休闲慢游小镇	休闲度假型体育特色小镇	117.59622	35.055237
	滕州区	滕州市滨湖微山湖湿地古镇	休闲度假型体育特色小镇	116.853948	35.126895
	峄城区	峄城区古邵港航物流小镇	服务型特色小镇	117.607116	34.771947
山东省东营市	垦利区	垦利区黄河口滨海旅游小镇	休闲度假型体育特色小镇	119.170466	37.738229
	利津县	利津县陈庄荻花小镇	休闲度假型体育特色小镇	118.48064	37.685084

续表

地级市	所在地区	单体	类型	经度 X	维度 Y
山东省烟台市	牟平区	牟平区龙泉养生小镇	康体养生型体育特色小镇	121.786822	37.343271
	招远市	招远市辛庄高端装备制造小镇	制造型特色小镇	120.237865	37.506001
	海阳市	海阳市辛安海织小镇	制造型特色小镇	120.99934	36.664665
	栖霞市	栖霞市桃村新能源小镇	制造型特色小镇	121.164188	37.196437
	莱阳市	莱阳市姜疃生态旅游小镇	休闲度假型体育特色小镇	120.744292	36.786236
山东省潍坊市	青州市	青州市黄楼文化艺术小镇	康体养生型体育特色小镇	118.545388	36.676487
	昌乐县	昌乐县方山蓝宝石小镇	休闲度假型体育特色小镇	118.856615	36.727796
	临朐县	临朐县九山薰衣草小镇	休闲度假型体育特色小镇	118.486751	36.190598
	诸城市	诸城市昌城健康食品小镇	制造型特色小镇	119.475253	36.095682
	坊子区	坊子区坊城1898坊茨小镇	休闲度假型体育特色小镇	119.167971	36.604308
山东省济宁市	曲阜市	曲阜市尼山圣地小镇	休闲度假型体育特色小镇	117.21922	35.518327
	金乡县	金乡县鱼山蒜都小镇	农业型特色小镇	116.273192	35.07796
	微山县	微山县欢城光伏小镇	制造型特色小镇	117.127978	34.822052
	梁山县	梁山县马营旅游休闲小镇	休闲度假型体育特色小镇	115.992342	35.785569
山东省泰安市	泰安市高新技术开发区	徂徕山汶河景区汶水小镇	休闲度假型体育特色小镇	117.203619	36.104945
	岱岳区	岱岳区大汶口水上石头古镇	休闲度假型体育特色小镇	117.091643	35.948642
	新泰市	新泰市羊流智能起重小镇	制造型特色小镇	117.554713	35.996169
	东平县	东平县老湖水浒影视小镇	休闲度假型体育特色小镇	116.317771	35.949515
山东省日照市	东港区	东港区后村航空小镇	参赛观赛型体育特色小镇	119.334038	35.403167
	五莲县	五莲县潮河白鹭湾艺游小镇	服务型特色小镇	119.494761	35.646271

续表

地级市	所在地区	单体	类型	经度 X	维度 Y
山东省威海市	环翠区	环翠区温泉风情小镇	康体养生型体育特色小镇	122.220148	37.378597
	文登区	文登区大溪谷文化创意小镇	康体养生型体育特色小镇	122.119023	37.244342
	荣成市	荣成市人和靖海渔港小镇	农业型特色小镇	122.143235	37.48258
	乳山市	乳山市海阳所滨海养生小镇	康体养生型体育特色小镇	122.067681	36.946779
山东省临沂市	罗庄区	罗庄区褚墩静脉小镇	制造型特色小镇	118.256632	34.826921
	平邑县	平邑县地方罐头小镇	制造型特色小镇	117.867897	35.35089
	兰陵县	兰陵县兰陵美酒小镇	服务型特色小镇	118.055849	34.867176
	蒙阴县	蒙山旅游区云蒙氧吧休闲小镇	休闲度假型体育特色小镇	118.006507	35.571292
	河东经济技术开发区	费县上冶循环产业小镇	农业型特色小镇	118.415729	35.020262
山东省德州市	临邑县	临邑县德平孝德康养古镇	康体养生型体育特色小镇	116.968084	37.47181
	庆云县	庆云县尚堂石斛小镇	农业型特色小镇	117.386792	37.712731
	乐陵市	乐陵市杨安调味品小镇	农业型特色小镇	117.165283	37.659939
山东省聊城市	临清市	临清市烟店轴承商贸小镇	制造型特色小镇	115.498307	36.709886
	茌平县	茌平县博平颐养休闲小镇	康体养生型体育特色小镇	116.124091	36.593659
	阳谷县	阳谷县石佛宜居铜谷小镇	制造型特色小镇	115.865015	36.209175
山东省滨州市	滨城区	滨城区三河湖教育小镇	服务型特色小镇	118.019083	37.380618
	沾化区	沾化区冯家渔民文化小镇	休闲度假型体育特色小镇	117.974083	37.790958
	阳信县	阳信县水落坡古典家具小镇	制造型特色小镇	117.824707	37.601413
山东省菏泽市	定陶区	定陶区杜堂汽车小镇	参赛观赛型体育特色小镇	115.593978	35.118832
	曹县	曹县大集-裳小镇	服务型特色小镇	115.636081	34.718601
	郓城县	郓城县郓州水浒旅游小镇	休闲度假型体育特色小镇	115.938211	35.591081

附3: 山东省第二批特色小镇单体地理坐标

山东省第二批特色小镇名单

地级市	所在地区	单体	类型	经度 X	维度 Y
山东省济南市	平阴县	平阴县东阿阿胶小镇	制造型特色小镇	116.268885	36.348918
	商河县	商河县贾庄高端精纺小镇	休闲度假型体育特色小镇	117.08435	37.27403
	济阳县	济阳县孙耿有机食品小镇	农业型特色小镇	117.020864	36.899067
	长清区	长清区归德建筑产业化小镇	制造型特色小镇	116.685435	36.504674
	天桥区	天桥区桑梓店智能制造小镇	制造型特色小镇	116.924022	36.80962
	钢城区	钢城区颜庄无纺小镇	制造型特色小镇	117.764304	36.127435
	章丘区	章丘区文祖锦屏文旅小镇	休闲度假型体育特色小镇	117.494247	36.560598
山东省青岛市	即墨区	即墨区大信太阳能小镇	制造型特色小镇	120.362389	36.434977
	平度市	平度市南村家电小镇	制造型特色小镇	120.139146	36.550917
	黄岛区	黄岛区藏南藏马山医养小镇	康体养生型体育特色小镇	119.787477	35.802226
	黄岛区	黄岛区灵山卫东方文化小镇	康体养生型体育特色小镇	120.095125	35.90197
	城阳区	城阳区城阳新能源小镇	制造型特色小镇	120.387902	36.30815
	黄岛区	西海岸新区海洋高新区海创小镇	制造型特色小镇	120.002799	35.961446
山东省淄博市	沂源县	沂源县东里凤驿小镇	休闲度假型体育特色小镇	118.36885	36.023221
	高青县	高青县青城古商贸文旅小镇	服务型特色小镇	117.702556	37.18452
山东省枣庄市	滕州区	滕州市鲍沟工艺玻璃小镇	制造型特色小镇	117.165448	34.987605
	山亭区	山亭区城头豆香小镇	农业生产特色小镇	117.328179	35.119535
山东省东营市	东营区	东营区龙居林海小镇	休闲度假型体育特色小镇	118.328658	37.405976

续表

地级市	所在地区	单体	类型	经度 X	维度 Y
山东省烟台市	龙口市	龙口市东江南山养生谷小镇	康体养生型体育特色小镇	120.485953	37.567253
	招远市	招远市金岭粉丝小镇	制造型特色小镇	118.21183	36.805186
	长岛县	长岛县北长山海岛小镇	休闲度假型体育特色小镇	120.718398	37.984332
	莱州市	莱州市朱桥黄金小镇	休闲度假型体育特色小镇	120.110979	37.367474
	芝罘区	芝罘区向阳所城广仁基金小镇	服务型特色小镇	121.400946	37.541333
	福山区	福山区清洋康养小镇	康体养生型体育特色小镇	121.271706	37.495822
	牟平区	牟平区大窑绿色健康小镇	休闲度假型体育特色小镇	121.666918	37.397843
山东省潍坊市	安丘市	安丘市新安齐鲁酒地小镇	服务型特色小镇	119.198835	36.53364
	寿光市	寿光市侯镇智能家居小镇	制造型特色小镇	118.971865	36.997395
	青州市	青州市庙子零碳小镇	休闲度假型体育特色小镇	118.226681	36.650207
	坊子区	坊子区凤凰地理信息小镇	制造型特色小镇	119.197335	36.64309
山东省济宁市	邹城市	邹城市中心店智能装备制造小镇	制造型特色小镇	116.922961	35.439161
	鱼台县	鱼台县张黄生态循环小镇	休闲度假型体育特色小镇	116.65951	35.010524
	金乡县	金乡县胡集新材料小镇	制造型特色小镇	116.387948	35.194793
山东省泰安市	东平县	东平县银山东平湖生态旅游小镇	休闲度假型体育特色小镇	116.1771	36.042375
	新泰市	新泰市石莱有机茶业小镇	农业型特色小镇	117.510323	35.769518
山东省威海市	环翠区	环翠区羊亭科技产业小镇	休闲度假型体育特色小镇	122.110019	37.529474
	高技术产业开发区	火炬高技术产业开发区初村健康小镇	康体养生型体育特色小镇	122.040629	37.528114
山东省日照市	莒县	莒县刘官庄云塑小镇	制造型特色小镇	118.800418	35.522111
山东省德州市	陵城区	陵城区边临装配式产业小镇	制造型特色小镇	116.581829	37.332717

续表

地级市	所在地区	单体	类型	经度 X	维度 Y
山东省临沂市	武城县	武城县武城辣椒小镇	农业型特色小镇	116.08485	37.219509
	兰山区	兰山区枣园鲁班精装小镇	制造型特色小镇	118.33652	35.159869
	郯城县	郯城县新村银杏温泉小镇	休闲度假型体育特色小镇	118.162199	34.581564
	沂南县	沂南县岸堤朱家林创意小镇	服务型特色小镇	118.218101	35.711007
	平邑县	平邑县仲村手套文创小镇	制造型特色小镇	117.651524	35.602047
山东省聊城市	临清市	临清市康庄国学小镇	休闲度假型体育特色小镇	115.927608	36.799103
	冠县	冠县店子灵芝小镇	农业型特色小镇	115.495892	36.555687
山东省滨州市	沾化区	沾化区富国国际足球运动小镇	参赛观赛型体育特色小镇	118.083079	37.722629
	博兴县	博兴县吕艺农创小镇	农业型特色小镇	118.280204	37.212046
山东省菏泽市	牡丹区	牡丹区吴店创意家居小镇	制造型特色小镇	115.407332	35.315572
	单县	单县东城长寿食品小镇	制造型特色小镇	116.129922	34.806623

附4: 山东省第三批特色小镇单体地理坐标

山东省第三批特色小镇名单

地级市	所在地区	单体	类型	经度 X	维度 Y
山东省青岛市	莱西市	青岛（姜山）基金小镇	服务型特色小镇	120.533323	36.67739
	城阳区	腾讯双创小镇（青岛）	服务型特色小镇	120.266474	36.270136
	黄岛区	东方时尚创意小镇	服务型特色小镇	120.036765	35.808237
山东省淄博市	沂源县	沂源鲁山药谷养生小镇	康体养生型体育特色小镇	118.055055	36.315514
	张店区	沣水物流小镇	服务型特色小镇	118.100841	36.757772
山东省枣庄市	薛城区	枣庄互联网小镇	服务型特色小镇	117.31723	34.786217
	台儿庄区	台儿庄祥和特色小镇	休闲度假型体育特色小镇	117.617398	34.623351
山东省东营市	垦利区	东津医养健康小镇	康体养生型体育特色小镇	118.259535	37.512055
山东省烟台市	莱山区	瀑拉谷葡萄酒特色小镇	制造型特色小镇	121.66606	37.397914
	招远市	招远皮草小镇	制造型特色小镇	120.435474	37.34647
	莱阳市	莱阳·威德健康小镇	康体养生型体育特色小镇	121.581828	37.356669
山东省潍坊市	寿光市	双王城红色生态旅游小镇	休闲度假型体育特色小镇	118.73777	37.149819
	坊子区	鲁中水乡康养度假小镇	康体养生型体育特色小镇	119.395013	36.586197
山东省济宁市	汶上县	华儒小镇	服务型特色小镇	116.467381	35.726097
	金乡县	金龙湾文旅小镇	休闲度假型体育特色小镇	116.296799	35.072744
	邹城市	蓝城云梦桃源小镇	休闲度假型体育特色小镇	117.131642	35.434851
山东省泰安市	宁阳县	纺织服装文化创意小镇	制造型特色小镇	116.77604	35.776904
	岱岳区	泰安六星汽车小镇	制造型特色小镇	117.11933	36.022093

续表

地级市	所在地区	单体	类型	经度 X	维度 Y
山东省威海市	文登区	威海市文登区西洋参特色小镇	农业型特色小镇	122.113674	37.103036
	荣成市	那香海文旅度假小镇	休闲度假型体育特色小镇	122.42054	37.407286
	文登区	威海综合保税区跨境电子商务小镇	服务型特色小镇	122.042962	37.514029
山东省日照市	东港区	山海天太公旅游小镇	休闲度假型体育特色小镇	119.587028	35.453278
	东港区	涛雒风情小镇	休闲度假型体育特色小镇	119.386474	35.284685
山东省德州市	平原县	东海天下温泉康养小镇	康体养生型体育特色小镇	116.400396	37.258803
	齐河县	泉城中华饮食文化小镇	服务型特色小镇	116.785556	36.832474
山东省聊城市	东阿县	聊城市东阿县南湖教育小镇	服务型特色小镇	116.243466	36.351244
	莘县	莘县智慧物流小镇	服务型特色小镇	115.696117	36.251799
山东省滨州市	博兴县	山东中一厨具小镇	制造型特色小镇	118.250075	37.045714
	惠民县	惠民魏集古镇	休闲度假型体育特色小镇	117.766994	37.305411
山东省菏泽市	定陶区	定陶汽车小镇	产业制造型体育特色小镇	115.595615	35.118338
	牡丹区	菏泽乐活小镇（小留镇）	休闲度假型体育特色小镇	115.440745	35.360737
	郓城县	郓城县郓州水浒旅游小镇	休闲度假型体育特色小镇	115.938211	35.591081

附5： 全国体育特色小镇单体地理坐标（国家级）

省份	地市（区）	单体	类型	经度 X	纬度 Y
北京	延庆区	旧县镇	运动休闲特色小镇	116.0939	40.5560
	门头沟区	王平镇	运动休闲特色小镇	115.9978	39.9764
	海淀区	苏家坨镇	运动休闲特色小镇	116.1640	40.0860
	门头沟区	清水镇	运动休闲特色小镇	115.6194	39.9485
	顺义区	张镇	运动休闲特色小镇	116.9577	40.1576
	房山区	张坊镇	生态运动特色小镇	115.7236	39.5826
天津	蓟州区	下营镇	运动休闲特色小镇	117.4564	40.1900
河北	廊坊市安次区	北田曼城国际小镇	运动休闲特色小镇	116.7672	39.4417
	张家口市蔚县	蔚州镇	运动休闲特色小镇	114.5902	39.8499
	张家口市阳原县	井儿沟	运动休闲特色小镇	114.3629	40.1558
	承德市宽城满族自治县	宽城镇	运动休闲特色小镇	118.4749	40.6001
	承德市丰宁满族自治县	大阁镇	运动休闲特色小镇	116.6525	41.2112
	保定市高碑店市	中新健康城·京南	体育小镇	115.9503	39.3467
山西	运城市芮城县	陌南圣天湖	运动休闲特色小镇	110.9068	34.6820
	大同市南郊区	御河	运动休闲特色小镇	113.3278	40.1225
	晋中市榆社县	云竹镇	运动休闲特色小镇	112.8288	37.0534
内蒙古	赤峰市宁城县	黑里河	水上运动特色小镇	118.4651	41.4167
	呼和浩特市新城区	保合少镇	水磨运动休闲小镇	111.9488	40.9192
辽宁	营口市鲅鱼圈区	红旗镇何家沟	体育运动特色小镇	122.1777	40.2094
	丹东市凤城市	大梨树	定向运动特色体育小镇	123.9696	40.4078
	大连市瓦房店市	将军石	运动休闲特色小镇	121.6858	39.9278
吉林	延边州安图县	明月镇九龙社区	运动休闲特色小镇	128.9226	43.1087

续表

省份	地市（区）	单体	类型	经度 X	纬度 Y
	梅河口市	进化镇	中医药健康旅游特色小镇	125.7845	42.3900
黑龙江	齐齐哈尔市	碾子山区	运动休闲特色小镇	122.8941	47.5233
上海	崇明区	陈家镇	体育旅游特色小镇	121.8391	31.5323
	奉贤区	海湾镇	运动休闲特色小镇	121.5738	30.8638
	青浦区	金泽镇	帆船运动休闲特色小镇	120.9288	31.0418
	崇明区	绿华镇	国际马拉松特色小镇	121.2270	31.7687
江苏	扬州市仪征市	仪征市枣林湾生态园	运动休闲特色小镇	119.0896	32.3447
	徐州市贾汪区	大泉街道	体育健康小镇	117.4755	34.4215
	苏州市太仓市	天镜湖	电竞小镇	121.1389	31.4339
	南通市通州区	开沙岛旅游度假区	运动休闲特色小镇	120.6393	32.0580
浙江	衢州市柯城区	柯城	森林运动小镇	118.8780	28.9743
	杭州市淳安县	石林港湾	运动小镇	119.0970	29.4756
	金华市经开区	苏孟乡	汽车运动休闲特色小镇	119.6500	29.0353
安徽	六安市金安区	悠然南山	运动休闲特色小镇	116.5627	31.6694
	池州市青阳县	九华山	运动休闲特色小镇	117.8305	30.4849
	六安市金寨县	天堂寨大象	传统运动养生小镇	115.7876	31.1363
福建	泉州市安溪县	龙门镇	运动休闲特色小镇	118.1003	24.9606
	南平市建瓯市	小松镇	运动休闲特色小镇	118.3981	27.1756
	漳州市长泰县	林墩乐动谷	体育特色小镇	117.9244	24.6859
江西	上饶市婺源县	珍珠山乡	运动休闲特色小镇	117.4727	29.1922
	九江市	庐山西海	射击温泉康养运动休闲小镇	115.4794	29.2010
	赣州市大余县	丫山	运动休闲特色小镇	114.8616	25.5035
山东	临沂市费县	许家崖	航空运动小镇	117.8754	35.1447
	烟台市龙口市	南山	运动休闲小镇	120.4955	37.6011

续表

省份	地市（区）	单体	类型	经度 X	纬度 Y
	潍坊市安丘市	安丘经济开发区青龙山	国际运动休闲小镇	119.2171	36.5343
	日照市	奥林匹克水上运动公园	奥林匹克水上运动小镇	119.5630	35.4296
	青岛市即墨市	温泉田横	运动休闲特色小镇	120.8855	36.4746
河南	信阳市	鸡公山管理区	户外运动休闲小镇	114.1048	31.9017
	郑州市	新郑龙西	体育小镇	113.6928	34.6156
	驻马店市确山县	老乐山北泉	运动休闲特色小镇	113.9166	32.8471
湖北	荆门市漳河新区	爱飞客	航空运动休闲特色小镇	112.1910	30.9853
	宜昌市兴山县	高岚	户外运动休闲特色小镇	110.9510	31.1980
	孝感市孝昌县	小悟乡	运动休闲特色小镇	114.1252	31.2989
	孝感市大悟县	新城镇	运动休闲特色小镇	114.2829	31.4946
	荆州市松滋市	洈水	运动休闲小镇	111.6806	29.9943
	荆门市京山县	新市镇	网球特色小镇	113.1185	31.0289
湖南	益阳市东部新区	鱼形湖	体育小镇	112.4476	28.4148
	长沙市望城区	千龙湖	国际休闲体育小镇	112.7068	28.4170
	长沙市浏阳市	沙市镇	湖湘第一休闲体育小镇	113.4363	28.3486
	常德市安乡县	西洞庭湖湿地生态旅游风景区	体育运动休闲特色小镇	112.1166	28.8893
	郴州市北湖区	小埠	运动休闲特色小镇	112.8617	25.7044
广东	汕尾市陆河县	新田镇联安村	运动休闲特色小镇	115.5848	23.1403
	佛山市高明区	东洲鹿鸣	体育特色小镇	112.7171	22.8613
	湛江市坡头区	南三镇	运动休闲特色小镇	110.5600	21.1577
	梅州市五华县	横陂镇	运动休闲特色小镇	115.7434	23.8821
	中山市	东升镇	国际棒球小镇	113.2980	22.6290
广西	河池市南丹县	歌娅思谷	运动休闲特色小镇	107.6327	25.0686

续表

省份	地市（区）	单体	类型	经度 X	纬度 Y
	防城港市防城区	"皇帝岭—欢乐海"	滨海体育小镇	108.3290	21.6350
	南宁市马山县	古零镇	攀岩特色体育小镇	108.3267	23.6386
	北海市银海区	北海银滩旅游区	海上新丝路体育小镇	109.1563	21.4107
海南	海口市	观澜湖	体育健康特色小镇	110.3272	19.9172
	三亚市	蜈支洲岛旅游区	潜水及水上运动特色小镇	109.7341	18.2800
重庆	彭水苗族土家族自治县	万足	水上运动休闲特色小镇	108.2133	29.1896
	渝北区	际华园	体育温泉小镇	106.8366	29.6877
	南川区	太平场镇	运动休闲特色小镇	106.9863	29.4491
	万盛经开区	凉风"梦乡村"	关坝垂钓运动休闲特色小镇	106.8567	28.8284
四川	达州市渠县	龙潭乡賨人谷	运动休闲特色小镇	107.0928	30.8635
	广元市朝天区	曾家镇	运动休闲特色小镇	106.1138	32.6254
	德阳市罗江县	白马关	运动休闲特色小镇	104.4590	31.2972
	内江市市中区	永安镇尚腾新村	运动休闲特色小镇	104.9377	29.5219
贵州	遵义市正安县	中观镇	户外体育运动休闲特色小镇	107.6099	28.4336
	黔西南州贞丰县	三岔河	运动休闲特色小镇	105.5660	25.5400
云南	迪庆州香格里拉市	建塘	体育休闲小镇	99.7118	27.8232
	红河州弥勒市	可邑	运动休闲特色小镇	103.3722	24.5195
	曲靖市马龙县	旧县	高原运动休闲特色小镇	103.4000	25.3733
	昆明市安宁市	温泉镇	温泉国际网球小镇	102.4553	24.9672
西藏	林芝市巴宜区	鲁朗镇	运动休闲特色小镇	94.8049	29.9526
陕西	宝鸡市金台区	金台功夫小镇	运动休闲特色小镇	107.1476	34.3916
	商洛市柞水县	营盘镇	运动休闲特色小镇	109.0472	33.7875
	渭南市大荔县	沙苑	运动休闲特色小镇	109.8336	34.6591
甘肃	兰州市皋兰县	什川镇	运动休闲特色小镇	104.0137	36.1579

续表

省份	地市（区）	单体	类型	经度 X	纬度 Y
青海	海南藏族自治州共和县	龙羊峡	运动休闲特色小镇	100.9587	36.1461
宁夏	银川市西夏区	苏峪口	滑雪场小镇	106.0065	38.7116
新疆	乌鲁木齐市乌鲁木齐县	水西沟镇	体育运动休闲小镇	87.4839	43.4734

附6： 体育特色小镇游客满意度调查问卷

尊敬的女士/先生：

您好！我们是教育部体育特色小镇课题组成员，此次通过暑期实践进行小镇游客满意度调查，以期了解游客对小镇的满意情况、探寻其旅游竞争力，以便为您提供满意的旅游产品和优质服务。本次问卷采取匿名填写，并承诺调查结果仅用作分析研究使用。您的作答对我们来说十分重要，非常感谢您的参与，谢谢。

基本信息部分

1. 您的性别

性别	男	女
选项		

2. 您的年龄段

年龄	18岁以下	19~25岁	26~30岁	31~40岁	41~50岁	51~60岁	60岁以上
选项							

3. 您的学历

学历	高中及以下	专科	大学本科	硕士及以上
选项				

4. 您目前从事的职业

职业	公务员/事业单位人员	企业职工	自由职业	学生	农民	退休	其他
选项							

5. 您来自哪个省市

省份	山东省内	山东省外
选项		

6. 您准备停留的天数

天数	1天	2天	3天	3天以上
选项				

7. 您此次来体育特色小镇的主要目的　　★★★［多选题，最多选三项］

目的	观光旅游	参赛观赛	参与体验	休闲度假	公务/会议/考察	其他
选项						

8. 这是您第几次来

次数	1次	2次	3次	3次以上
选项				

9. 您过去1年中入住特色小镇的次数

次数	1次	2次	3次	3次以上
选项				

10. 您的月收入

数额	2000元以下	2001~5000元	5001~8000元	8001~10000元	10000元以上
选项					

11. 您是通过什么途径了解到旅游小镇的　★★★［多选题，最多选三项］

途径	朋友推荐	电视/报纸/广告	旅行社	网络/新媒体	其他
选项					

12. 您主要是通过何种交通工具到达的

交通工具	自驾	公共汽车	火车/高铁	飞机	其他
选项					

13. 您在旅游区的住宿方面最满意的是　★★★［多选题，最多选三项］

	价格	卫生	乡野	安全/隐私性高	舒适度	淳朴	其他
选项							

14. 请问您在特色小镇旅游最注重什么　★★★［多选题，最多选三项］

因素	小镇环境	卫生情况	小镇文化	安全情况	服务质量	硬件设施	其他
选项							

15. 您对景区游览路线的设计满意度是

等级	非常满意	满意	一般	不满意	非常不满意
选项					

16. 您觉得门票价格设置如何

等级	太高	适中	无所谓	其他
选项				

17. 您对景区内的自然景观满意度是

等级	非常满意	满意	一般	不满意	非常不满意
选项					

18. 您对景区的基础设施建设的满意度是

等级	非常满意	满意	一般	不满意	非常不满意
选项					

19. 您认为小镇面临的主要问题是　★★★［多选题，最多选三项］

问题	资源开发不够	基础设施落后	政府监管力度不足	产业特色不明显	商家恶性竞争	同质化严重	其他
选项							

20. 您认为小镇最需要改进的环节是　★★★［多选题，最多选三项］

环节	餐饮	服务质量	交通	硬件设施	主题文化	民俗风情	产业特色	其他
选项								

21. 旅游结束后，您会向您的亲朋好友推荐该特色小镇吗

推荐意愿	非常愿意	愿意	一般	不愿意	非常不愿意
选项					

22. 旅游结束后，您的重游意愿为

	非常不同意	不同意	一般	同意	非常同意
愿意再次光临					
会优先选择					
会给予好评和推荐					

23. 您对小镇中部分指标的评价是

	非常好	较好	一般	较差	非常差
资源开发					
小镇知名度					
历史底蕴					
小镇环境					
餐饮美食					
小镇管理					
交通状况					
主题文化					
产业特色					
体育项目					
民俗民风					
安全措施					
商铺运营					

24. 您对旅游小镇的总体满意度评价是

等级	非常好	好	一般	较不好	非常差
选项					

25. 您对如何提高特色小镇满意度有什么意见或建议

[_____

_____

_____]

参考文献

[1] 周雨濛.旅游特色小镇景观规划与实践研究[D].苏州：苏州大学，2017.

[2] 赵俊利.全域旅游视角下旅游小镇发展模式研究[D].上海：上海师范大学，2017.

[3] 郑浩宇.后工业视角下浙江省特色小镇的特征分析与产生机制研究[D].杭州：浙江大学，2017.

[4] 刘雅洁.我国运动休闲特色小镇建设中政府职能定位的研究[D].北京：北京体育大学，2019.

[5] 杨文.基于SWOT分析的体育特色小镇旅游资源开发研究[D].北京：北京体育大学，2019.

[6] 刘雪.合肥市大圩镇马拉松体育特色小镇的现状调查研究[D].北京：首都体育学院，2017.

[7] 宋涛.特色小镇旅游深度开发中的文化元素研究[D].武汉：华中师范大学，2017.

[8] 李柳.京津冀运动休闲特色小镇的发展路径研究[D].北京：首都体育学院，2019.

[9] 姜振华.乡村振兴中特色小镇建设模式与路径研究[D].济南：山东大学，2019.

[10] 杨亚妮.体育小镇的建设及运营体系研究[D].济南：山东体育学院，2018.

[11] 张迪.PPP模式应用于特色小镇的案例分析[D].杭州：浙江大学，2018.

[12] 杨毅然.中国体育特色小镇建设的实践探索研究[D].武汉：武汉体育学院，2018.

[13] 张长清.上海市运动休闲特色小镇建设现状与策略研究[D].上海：上海体育学院，2019.

[14] 肖燕.探究我国运动休闲特色小镇产业建设[D].北京：北京体育大学，2019.

[15] 高雪婷.山东省运动休闲特色小镇的发展现状及对策研究[D].济宁：曲阜师范大学，2018.

[16] 周艳啸.山东省特色小镇建设发展问题研究[D].济南：山东大学，2018.

[17] 严世兵.民族传统体育文化融入体育特色小镇建设的路径分析[D].济南：山东体育学院，2019.

[18] 王瑞.运动休闲特色小镇体育旅游资源开发研究[D].上海：上海师范大学，2018.

[19] 范斌.基于根植性理论视角下的我国体育特色小镇建设机制研究[J].体育与科学，

2018, 39（1）：84-89.

[20] 鲜一, 程林林. 体育特色小镇业态选择——基于产业集聚与区位理论视角［J］. 体育与科学, 2018, 39（3）：60-68.

[21] 李明. PPP 模式介入公共体育服务项目的投融资回报机制及范式研究——对若干体育小镇的考察与思考［J］. 体育与科学, 2017, 38（4）：86-93.

[22] 倪震, 刘连发. 乡村振兴与地域空间重构：运动休闲特色小镇建设的经验与未来［J］. 体育与科学, 2018, 39（5）：56-62.

[23] 高振峰. 我国体育特色小镇品牌竞争力的培育机制研究［J］. 体育与科学, 2019, 40（2）：48-53.

[24] 胡昌领. 体育特色小镇的功能定位、建设理念与精准治理研究［J］. 体育与科学, 2018, 39（3）：69-74.

[25] 郭琴. 体育特色小镇建设二元模式的路径探索［J］. 体育与科学, 2018, 39（2）：89-94.

[26] 王志文, 沈克印. 产业融合视角下运动休闲特色小镇建设研究［J］. 体育文化导刊, 2018（1）：78-81.

[27] 朱敏, 瞿迪. 国外运动休闲特色小镇类型、特点与启示［J］. 体育文化导刊, 2018（10）：126-131.

[28] 李乐虎, 高奎亭, 黄晓丽. 文化自觉视角下运动休闲特色小镇建设研究［J］. 体育文化导刊, 2018（9）：70-74, 117.

[29] 张泽君, 张建华, 张健. 我国运动休闲特色小镇发展"热"背后的冷思考［J］. 体育文化导刊, 2019（1）：78-82.

[30] 杨海东, 季朝新. 新型城镇化建设背景下运动休闲特色小镇政策扩散分析［J］. 体育文化导刊, 2019（12）：31-36.

[31] 杨越, 骆秉全, 冯国友, 等. 滑雪特色小镇建设国际经验探索及启示［J］. 体育文化导刊, 2019（3）：82-86, 92.

[32] 王松, 张凤彪, 崔佳琦. 传统体育文化融入运动休闲特色小镇建设研究［J］. 体育文化导刊, 2018（5）：79-83.

[33] 季朝新, 王一博. 运动休闲特色小镇建设：逻辑起点、概念模型和功能定位［J］. 体育文化导刊, 2018（2）：88-92.

[34] 白惠丰, 孟春雷. 新常态背景下运动休闲特色小镇创建问题及路径研究［J］. 体育文化导刊, 2018（3）：88-91.

[35] 单彦名, 马慧佳, 宋文杰. 全国特色小镇创建培育认知与解读［J］. 小城镇建设, 2016（11）：20-24.

[36] 江勇. 浙江省特色小镇与城市发展关联关系研究［J］. 小城镇建设, 2017（2）：59-66, 72.

[37] 吴访非, 冀薇. PPP模式在特色小镇建设中的应用 [J]. 沈阳建筑大学学报 (社会科学版), 2019, 21 (5): 502-508.

[38] 李娜, 马鸿韬, 李兆进, 等. 我国体育特色小镇发展驱动机制研究 [J]. 沈阳体育学院学报, 2019, 38 (2): 1-8.

[39] 谢尊贤, 郭琰. 空间分布视角下健康型运动休闲小镇发展模式探索 [J]. 沈阳体育学院学报, 2019, 38 (2): 9-14.

[40] 张丽军. 体育特色小镇区域协同发展: 现实诉求与路径选择 [J]. 沈阳体育学院学报, 2018, 37 (5): 8-14, 27.

[41] 魏婷, 张怀川, 马士龙, 等. 基于"PPP创新金融支持模式"视野下我国运动休闲特色小镇建设研究 [J]. 沈阳体育学院学报, 2018, 37 (5): 1-7.

[42] 王松, 张凤彪, 毛瑞秋, 等. 体育特色小镇: 民族传统体育文化保护、传承与弘扬 [J]. 沈阳体育学院学报, 2019, 38 (6): 130-138.

[43] 司亮, 王薇. 我国体育小镇空间生产的理论框架及实践路径 [J]. 沈阳体育学院学报, 2017, 36 (5): 53-58.

[44] 崔建国. 江苏省"体育健康"特色小镇建设的经验及启示 [J]. 首都体育学院学报, 2019, 31 (5): 432-437.

[45] 范成文, 刘晴, 金育强, 等. 我国首批运动休闲特色小镇类型及其地理空间分布特征 [J]. 首都体育学院学报, 2020, 32 (1): 63-68, 74.

[46] 魏蓉蓉, 邹晓勇. 特色小镇发展的PPP创新支持模式研究 [J]. 技术经济与管理研究, 2017 (10): 125-128.

[47] 占梅君, 刘金利. 体育特色小镇发展研究 [J]. 辽宁体育科技, 2018, 40 (3): 23-27.

[48] 董晓琴, 常乐. 长三角地区体育特色小镇发展路径探析 [J]. 辽宁体育科技, 2018, 40 (2): 35-38.

[49] 王峰, 邢金明, 郑国华. 美国体育小镇的类型特征、创建发展及启示 [J]. 西安体育学院学报, 2020, 37 (2): 129-136.

[50] 罗翔, 沈洁. 供给侧结构性改革视角下特色小镇规划建设思路与对策 [J]. 规划师, 2017, 33 (6): 38-43.

[51] 王新越, 候娟娟, 韩霞霞. 中国特色小镇空间分布特征及影响因素研究 [J]. 规划师, 2018, 34 (1): 12-15, 35.

[52] 徐开娟, 黄海燕, 廉涛, 等. 我国体育产业高质量发展的路径与关键问题 [J]. 上海体育学院学报, 2019, 43 (4): 29-37.

[53] 赵承磊. 建设运动休闲小镇的价值、问题与行动路径 [J]. 上海体育学院学报, 2019, 43 (3): 68-75.

[54] 王学彬, 项贤林. 体育特色小镇建设: 域外经验与中国路径 [J]. 上海体育学院学报,

2018, 42（4）：62-67，80.

[55] 王成. 中外比较视域下的体育小镇认知反思与重构［J］. 上海体育学院学报，2020，44（1）：78-86，94.

[56] 张环宙，吴茂英，沈旭炜. 特色小镇：旅游业的浙江经验及其启示［J］. 武汉大学学报（哲学社会科学版），2018，71（4）：178-184.

[57] 柏先红，刘思扬. "乡村振兴之路"调研报告［J］. 调研世界，2019（6）：3-7.

[58] 沈克印，杨毅然. 体育特色小镇：供给侧改革背景下体育产业跨界融合的实践探索［J］. 武汉体育学院学报，2017，51（6）：56-62.

[59] 周文静，李凌，张瑞林，等. 体育特色小镇建设与新型城镇化耦合发展机理、演化模式与发展路径［J］. 武汉体育学院学报，2019，53（2）：33-39.

[60] 鲁志琴. "产城人文"视角下体育特色小镇发展"顶层设计"问题反思［J］. 天津体育学院学报，2018，33（6）：522-527，552.

[61] 石秀廷. 体育特色小镇建设的国际经验及其启示［J］. 广州体育学院学报，2018，38（2）：39-42，67.

[62] 张雷. 运动休闲特色小镇：概念、类型与发展路径［J］. 体育科学，2018，38（1）：18-26，41.

[63] 车雯，张瑞林，王先亮. 文化承继与产业逻辑耦合：体育特色小镇生命力培育的路径研究［J］. 体育科学，2020，40（1）：51-58.

[64] 孙艳芳，唐芒果. "体育+"背景下体育小镇发展历程及路径［J］. 体育成人教育学刊，2019，35（2）：29-33.

[65] 高升，杨茜，赵岷. 我国体育特色小镇政策研究［J］. 体育成人教育学刊，2018，34（5）：20-22.

[66] 杨越，姜兆银，马文博，等. 运动休闲特色小镇建设的框架、路径及策略［J］. 体育成人教育学刊，2018，34（4）：10-12.

[67] 叶小瑜，谢建华，董敏. 国外运动休闲特色小镇的建设经验及其对我国的启示［J］. 南京体育学院学报（社会科学版），2017，31（5）：54-58.

[68] 掌玉宏，刘汉生. 共享经济时代我国特色体育小镇生态系统的构建［J］. 南京体育学院学报（社会科学版），2017，31（5）：64-67.

[69] 何春刚. 体育小镇建设中的政府职能与推进路径［J］. 南京体育学院学报（社会科学版），2017，31（4）：23-27.

[70] 蔡文菊，肖斌，布和. 新时代推进体育强国视域下的体育特色小镇建设研究［J］. 北京体育大学学报，2019，42（10）：1-9.

[71] 闵学勤. 精准治理视角下的特色小镇及其创建路径［J］. 同济大学学报（社会科学版），2016，27（5）：55-60.

［72］方创琳．中国新型城镇化高质量发展的规律性与重点方向［J］．地理研究，2019，38（1）：13-22．

［73］刘周敏，周鸿璋，曹庆荣．基于 ArcGIS 下国家级体育特色小镇空间分布特征及影响因素研究［J］．成都体育学院学报，2020，46（4）：62-67．

［74］田学礼，赵修涵．体育特色小镇发展水平评价指标体系研究［J］．成都体育学院学报，2018，44（3）：45-52．

［75］黄卓，肖丝娟，苗雨凡，等．我国体育小镇群体发展特征研究［J］．成都体育学院学报，2018，44（6）：74-79，103．

［76］卓勇良．创新政府公共政策供给的重大举措——基于特色小镇规划建设的理论分析［J］．浙江社会科学，2016（3）：32-36．

［77］郁建兴，张蔚文，高翔，等．浙江省特色小镇建设的基本经验与未来［J］．浙江社会科学，2017（6）：143-150，154，160．

［78］白小虎，魏强．特色小镇、外部性效应与劳动生产率——来自浙江的实证研究［J］．浙江社会科学，2020（2）：53-59，156-157．

［79］卫龙宝，史新杰．浙江特色小镇建设的若干思考与建议［J］．浙江社会科学，2016（3）：28-32．

［80］李二玲，魏莉霞．衍生、集群形成与乡村空间重构——以河南省兰考县民族乐器产业集群为例［J］．经济地理，2019，39（6）：128-135．

［81］武前波，徐伟．新时期传统小城镇向特色小镇转型的理论逻辑［J］．经济地理，2018，38（2）：82-89．

［82］李硕扬，刘群红．产城融合视角下特色小镇的功能定位研究——以南昌太平镇为例［J］．城市发展研究，2018，25（12）：168-172．

［83］戴晓玲，陈前虎，谢晓如．特色小（城）镇社会融合状况评估——以杭州市为例［J］．城市发展研究，2018，25（1）：110-118．

［84］李志强．特色小镇"全域化"生态治理：政治语境、系统建构与政策路径——基于苏浙案例的分析［J］．城市发展研究，2018，25（2）：100-110．

［85］赵金岭，张淑香．特色小镇建设中休闲体育旅游元素融入研究［J］．特区经济，2019（2）：109-111．

［86］周晓虹．产业转型与文化再造：特色小镇的创建路径［J］．南京社会科学，2017（4）：12-19．

［87］张鸿雁．特色小镇建设与城市化模式创新论——重构中国文化的根柢［J］．南京社会科学，2017（12）：59-67．

［88］陈清，吴祖卿．福建特色小镇发展建设的"资源+人才+创新"策略分析［J］．福建论坛（人文社会科学版），2017（3）：161-166．

[89] 付成君,李兆进,张典英.运动休闲特色小镇发展路径与产业空间布局研究——以四川省为例［J］.四川体育科学,2019,38（4）：93-99.

[90] 侯猛,董芹芹.欧洲冰雪小镇建设经验及对中国的启示［J］.四川体育科学,2019,38（6）：102-108.

[91] 马文博,朱亚成,杨越,等.中外体育特色小镇发展模式的对比及启示［J］.四川体育科学,2018,37（5）：71-73,79.

[92] 陈建忠.特色小镇建设重在打造特色产业生态［J］.浙江经济,2016（13）：9-10.

[93] 侯超文,李兆进,侯本华.新时代背景下体育特色小镇SWOT分析——以山东省为例［J］.湖北体育科技,2019,38（12）：1054-1057.

[94] 崔建国.我国体育特色小镇发展研究［J］.体育学刊,2018,25（6）：54-59.

[95] 李柏文,曾博伟,宋红梅.特色小城镇的形成动因及其发展规律［J］.北京联合大学学报（人文社会科学版）,2017,15（2）：36-40,47.

[96] 何莽.基于需求导向的康养旅游特色小镇建设研究［J］.北京联合大学学报（人文社会科学版）,2017,15（2）：41-47.

[97] 谢晓红,郭倩,吴玉鸣.我国区域性特色小镇康养旅游模式探究［J］.生态经济,2018,34（9）：150-154.

[98] 张泽君,隋凤娟,张建华,等."互联网+"视域下体育特色小镇发展研究［J］.河北体育学院学报,2018,32（3）：36-40.

[99] 张辉.中国旅游发展笔谈——旅游特色小镇（一）［J］.旅游学刊,2018,33（5）：1.

[100] 刘沛林.虚拟现实与旅游特色小镇的网络化呈现［J］.旅游学刊,2018,33（6）：3-5.

[101] 宋瑞.欧洲特色小镇的发展与启示［J］.旅游学刊,2018,33（6）：1-3.

[102] 徐虹,王彩彩.旅游特色小镇建设的取势、明道和优术［J］.旅游学刊,2018,33（6）：5-7.

[103] 厉新建,傅林峰,时姗姗,等.旅游特色小镇的内生发展与路径［J］.旅游学刊,2018,33（6）：8-9.

[104] 李君轶,李振亭.集中到弥散：网络化下的特色小镇建设［J］.旅游学刊,2018,33（6）：9-11.

[105] 姚尚建.城乡一体中的治理合流——基于"特色小镇"的政策议题［J］.社会科学研究,2017（1）：45-50.

[106] 温锋华.中国特色小镇规划理论与实践［M］.北京：社会科学文化出版社,2018.

[107] 维德,布尔.体育旅游［M］.戴光全,朱竑,译.天津：南开大学出版社,2006.

[108] 姜付高,曹莉.全域体育旅游：内涵特征,空间结构与发展模式［J］.上海体育学院学报,2020,44（9）：13.

后 记

课题申请至今历经三年多的时间，其间履新曲阜师范大学体育教学部副主任一职，虽恪尽职守，兢兢业业，然行政事务千头万绪，总不能安心整理思路并进行深入的学术研究，随着结题时间的临近，此种恐慌愈发严重，恰逢新冠疫情肆虐，不能外出憩游，且为避免接下来艰苦的博士学习生涯顾此失彼，终于下定决心坐下来整理一下前期的课题研究成果。本书附录部分是域外体育特色小镇成功案例、课题组前期收集整理的相关政策和小镇单体详单，庞杂繁多，既是本书研究的基础资料，也将是我后期继续深入研究的重要数据来源，也一并呈现给读者。本课题的研究内容是集体研究的成果，是项目组所有成员参与资料收集、访谈调研、统计分析及撰写研究报告之工作人员的共同劳动结晶，他们也都应是本书的作者。

最后，拙著付梓之际，再次感谢为本书顺利出版曾经给与帮助和支持的家人、老师、领导、同事及各位研究生同学，感谢他们在研究中展现出的乐业、专业、敬业精神！

李兆进

2021 年 7 月 21 日于山东日照